合気・悟り・癒しへの近道

マッハゴーグルが世界を変える

保江邦夫

海鳴社

本書を『黎明』の著者である故・葦原瑞穂氏の御霊に捧げる

もくじ

はじめに

柔道の原理とは何か？

柔道とは梃子《てこ》の原理などの初等的な力学法則を活用し、わずかの力のみで体格の小さな者が大きな者を相手に、投げ技や固め技を効果的に施すことができる徒手空拳の武道。高等学校だけでなく中学校ですら柔道を教えるようになった我が国においては、これは周知の事実となっていよう。つまり、簡単に言ってしまえば、

「柔道の原理とは梃子の原理」

ということになるのだろう。

柔道と同じく、やはり弱者が強者を投げ倒すことができるという日本の武道に、合気道と呼ばれるものがある。中学や高校での正課となり、オリンピック競技にもなっている柔道ほどには常識的な存在になっていないかもしれないが、現在では少なくとも「合気道」という名称だ

けは一般にも広く知られるようになっている。体力的に劣る年寄りや小柄な女性でも巨漢を簡単に投げたり固めたりしてしまうことができる不思議な武道だというイメージとともに。

だが、常識ある人達、さらには柔道やレスリングといった格闘技を少しでも経験した人達のほとんどは、合気道の動きを見てもその効果に大きな疑問を抱いているはずだ。何故なら、合気道の技を体格的にも運動能力的にも勝る人間相手に試してみたところで、まったく効果はないのだから。にもかかわらず、合気道の道場や演武会などでは、互いに攻守交代しながら相手を投げ飛ばしている。そんな合気道の稽古に参加してみると、確かに相手はとことん抵抗することもなく、自ら受け身を取って倒れていっていることがわかる。

無理もない、合気道を始めたばかりの初心者の頃から、稽古相手が技をかけるときには、こちらは自ら相手の技で倒されるように「動いて」いくことを「受けの動き」として教え込まれるのだから。相手に投げ倒されないように必死で抵抗する柔道の稽古とは、本質的に違ってくる。つまり、合気道というものは武道ではなく、倒す側と倒される側で技が効いているかのような動きを模擬的に再現して見せる「殺陣《たて》」の動作を互いにすることで健康な身体作りをするスポーツでしかないのだ。

ところが、僕自身そんな事実に気づくこともなく、「女子どもや年寄りにでもできる神秘の武道」という世間の評判を信じ、大学入学と同時にクラブ活動の中で合気道を選んだ。親元を遠く離れたこの期に、非力で軟弱な運動音痴という情けないレッテルを貼られ続けてきたそれまでの自分から決別するには、自分よりも大きく強い男達を合気道でポンポンと投げ飛ばす技を身につけなくてはならないと考えてのことだった。そんなわけだから、僕は他のどの部員よりも熱心に稽古し、真剣な気持ちで合気道の技に臨んだ。

確かに、意地の悪い先輩や体格的に優れた同輩達の中には、僕が技をかけても微動だにせず鼻で笑っていた者もいるにはいたのだが、そんなときでも僕自身の技のかけ方が未熟だから効かないだけで、もっと稽古して上達した暁には必ず相手を投げ倒すことができると信じ、合気道そのものに微塵の疑いを差し挟むこともなかった。

だが、根拠のなかった僕の夢は、当然ながら打ち砕かれてしまう。学業そっちのけで合気道に打ち込んでいた二年間があっという間に終わろうとしていた頃、近隣の大学で学生連盟が主催した合同稽古に、東京の本部道場から合気道の二代目道主という方が指導に来て下さったときのことだ。合気道創始者の植芝盛平翁は、残念ながら僕が合気道を始める少し前に他界されてしまっていたため、直接に盛平翁の神業を目の当たりにすることはかなわなかったのだが、当時は盛平翁の御子息が二代目の合気道・道主として活躍されていた。

血筋ある後継者なのだから、当然ながら盛平翁と同じような合気道の驚異的な技の数々を披露して下さるに違いない。そう信じた僕は神妙な面もちで、広い道場を埋め尽くした各大学の合気道部員達の文字どおり末席に鎮座した。稽古が始まると、本部道場から同行してきた二人の大柄な内弟子が交互に、あるいは場合によっては二人同時に二代目道主にかかっていく。それに対し、二代目道主がまるで舞を舞うかのように華麗な動きを見せるや、内弟子達はポンポンとはね飛ばされるかのように倒されてしまう。高校生のときにたまたまテレビ放送で見た植芝盛平翁の合気道ほどには神秘的ではなかったが、鍛え上げた若い内弟子を手玉に取る姿に見入っていた僕は、合気道のすばらしさに目を見張ったものだ。

模範演武に続き、同じ技を大学生達が二人一組で稽古していくのだが、二代目道主は道場の中を回って細かく指導して下さっていた。僕もその日初めて会った他大学の学生と組んで、いつもよりも緊張しながら真剣に稽古していたのだが、たくましい体つきの上に精悍な顔立ちだったその学生は案の定ものすごい腕力の持ち主で、僕は相手にうまく技をかけることができず苦戦の連続だった。

そんな弱い学生ほど指導の必要があると感じて下さったのか、四苦八苦していた僕に稽古を止めるように指示した二代目道主は、僕の相手をしていた学生に向かって自分にかかってくるように命じたのだ。道主自ら稽古をつけて下さる！　地方の大学生にとって、そんな名誉な機会は滅多に訪れない。喜び勇んだその学生は突然舞い込んできた晴れの舞台に臆することもなく、一礼の後に勢いよく道主に立ち向かっていき、指示どおりに両手で道主の手首をがっしとつかむ。

開祖・植芝盛平翁の合気道こそ直接に見る機会を永遠に失っていた僕は、しかし二代目道主による合気道の華麗な投げ技だけでも目に焼き付けようと、間近に正座したままで眼をカッと見開いていた。今にも投げ飛ばされるはずの学生の後ろ姿とともに……。

まるで時間が止まったかのように感じたのは、何故か学生がほとんど動かなかったからかもしれない。それでも時の流れが消えてはいないとわかったのは、手首を学生につかまれたままの片腕を小刻みに振るわせるようにしていた二代目道主の表情が、だんだんと険しくなっていったことに気づいたからだろう。そして、数秒後に時限爆弾が炸裂した。

「バカモーン!!」

何が起こったのかすぐには理解できなかったのは僕だけではない。相手をしていた学生は、まるで鳩が豆鉄砲をくらったかのような表情を見せた直後、ともかくも二代目道主に怒鳴られてしまったという失態に対する一学生が取るべき唯一の行動に出た。その場に正座し、額を畳にこすりつけるようにして「申し訳ございません」を連発したのだ。

凍り付いた道場の中、稽古を中断して見守る学生達の視線に気づいた道主は、後ろに控えていた内弟子に命じた。ちゃんとかかってきなさい、と。大きなかけ声とともに立ち上がった屈強そうな男が勢いよく道主の手首をつかみにいったのに合わせて、道主が腕を大きく振った刹那、男の身体は大げさにも大の字を描くかのように宙を舞った。

ドシーン、バシーン！

受け身で畳をたたく音が鳴り響くのと同時に、道場の中には誰からともなく出始めた安堵のため息をかき消すかの如く、いささかオーバーな「すばらしい！」という言葉までもが飛び交った。それが耳に入ったのか、あるいはいつものように内弟子が派手に飛んで転げたことに満足したのか、道主はしばらくの間その内弟子相手に合気道の技を披露し続けたため、頭を下げ続けている学生のことなどもう誰も気にしてなどいなかった。唯一人を除いては……。

そう、一部始終を目撃したこの僕だけは、すべてを理解してしまったのだ。合気道では、相手が自ら倒れていかないと技が成立しないという現実を！　だからこそ、二代目道主から直接に合気道の技をかけていただけるという千載一遇の好機に恵まれたために己の持てる力すべてを出し切ってつかみかかっていった学生の悔しさが、痛いほどわかった。しかし、そのときの僕にできることは、ただただその学生のそばで黙して座っていることだけだった。

だが、僕の心は怒りに満ちていた。植芝盛平翁の華麗な技にあこがれ、鉄の決意で合気道を始めたのは、トンでもない間違いだったと判明したのだから。合気道の技では、真剣に攻撃してきた相手を投げ倒すことなど、本当にはできはしない。殺陣と同じで相手が自ら受け身を取って倒れてくれないかぎり、合気道は成立しないのだ。つまりは、合気道の原理とは「やらせ」でしかなかった！　二代目道主という頂点に位置する人でも、懸命に全力で立ち向かっていった学生を投げ飛ばすことができなかった上に、最後には自ら好んで倒れようとしないその学生を感情的な言葉で叱責してしまうのだから。

そのとき以来、僕はあれほど熱心に打ち込んでいた合気道の稽古を止めてしまった。虚構の武道などに費やす時間があるなら、もっと他のことに向けるべきだ。まさに、「少年老いやすく、学成り難し」なのだから。

だが、稽古から完全に離れてしまってはいても、その後の僕の心の奥底には、常に微かな希望の光を捜し求めて止まない何かが潜んでいたのかもしれない。単に二代目道主が開祖・植芝盛平翁のような完全な合気道をマスターしていなかっただけで、他の師範や指導者の中には本当に相手を投げ飛ばすことができる人がいるかもしれないという考えを、完全には払拭できなかったのだ。

そんな僕に神様が救いの手を差し伸べて下さったのかもしれないが、その後の僕は不思議な出会いやご縁をいただき、合気道本部道場の山口清吾師範、合気道の源流である大東流合気武術の佐川幸義宗範（師範の長の意）、さらにはロシア正教に伝えられていたものがロシア陸軍の格闘技「システマ」として広まったのと同じキリストの活人術を、細々と受け継いでいたカトリック修道院から日本に来たスペイン人修道士・マリア－ヨパルト－エスタニスラウ神父様の教えを受けることができた。

その辺りのことは拙著『合気開眼――ある隠遁者の教え――』や『唯心論武道の誕生――野山道場異聞――』（ともに海鳴社）に詳しいのでここでは触れないが、こうしてはっきりとわかったことは、「合気」と呼ばれる人間に固有の不思議な能力を発揮することができさえすれば、合気道のすべての技は真剣勝負においてもどれもがすばらしい効果を見せるということだった。だが、この「合気」を実際に可能にするためには、たとえば本当に攻撃してくる相手を完全に愛するといった内面を自分の中に用意できなくてはならない。まさに

「汝の敵を愛せよ」

というキリストの教えを百パーセント信じて実行しなくてはならないのだ。

こうして、

「合気の原理は敵を愛すること」

といういささか奇想天外なゴールにたどり着いたまではよかった。ところがいざ自分で道場を開いてこの「合気の原理」の普及にかれこれ十年以上の歳月を費やしてはみたものの、僕以外でこの原理を用いて真剣勝負の相手を自在に投げ倒すことができるようになった高弟の数は、未だ五指に満たない。場合によってはこちらの命さえ狙ってくる相手を心底愛するなど、よほ

どのことがないかぎり不可能なのだろう……。この十有余年にわたる「合気探求」によって見出すことができた「合気の原理」は、拙著最新刊『合気の秘訣――物理学者による目から鱗の技法解明――』（海鳴社）の中で包み隠さずすべて公表したのだが、それを修得できる人間の数は本当にわずかに限られていただろう。

結局は合気道の技など、ごく限られた少数の選ばれし者が使ってのみ、目を見張るほどの効果があるのであって、大多数の人間にとっては「やらせ」を唯一の原理として初めて可能となるものでしかない。

そんな考えが頭にこびりつき始めていた僕も嫌々ながら還暦を迎え、その昔に植芝盛平翁が「合気道は六十歳からじゃ」とおっしゃっていた境地にはまだまだほど遠いと感じる日々を送っていた。だが、ある意味、合気道は本当に六十歳からだったのかもしれない。何故なら、還暦の誕生日を過ぎてからの予想外に目まぐるしい変化の中で、岡山だけでなく東京にも開設していた道場に慌ただしく出向いた稽古指導の現場で、ふとしたことから僕自身の口を衝《つ》いて、

「これも合気の原理かもしれない」

という言葉が出てきたのだ。

自分で数名の門人相手に合気道の技をかけながら、その詳細な作用原理を誰にでも理解できる言葉で語っていたのには、僕自身が最も驚いていた。その理由は、そこで口を衝いて出てき

た「合気の原理」と称するものが実に簡単な感覚器官の使い方であったにもかかわらず、その効果が絶大であるだけでなく、その使い方に少し慣れたならば効かないはずの合気道の技の数々を、誰もが百パーセント確実に操ることができるようになるからだった。

まさに、「万人のための合気の原理」が生まれた瞬間だ。その理由は第二章において明らかとなるが、この新しい原理を「マッハの合気原理」と呼ぶことにする。実は物理学においてアインシュタインによる相対性理論の完成に大きく寄与した「マッハの原理」と呼ばれる深遠な物理原理を提唱したオーストリアの物理学者エルンスト・マッハこそが、この「万人のための合気の原理」を世界で最初に提唱した人物と目されるからだ。ちなみに、「マッハ2」とか「マッハ3」などの超音速スピードの指標として知られる「マッハ数」もまた、この物理学者マッハによる超音速研究成果を讃えて制定されている。

この「マッハの合気原理」を知って使いさえすれば、初心者から高段者に至るまですべての合気道家が一人の例外もなく開祖・植芝盛平翁がお示しになった華麗な合気道の技の数々を、真剣に攻撃してくる相手に開祖と同様、自在にかけることができる！　しかも、それまで僕が千載一遇の幸運に恵まれた結果として手にした「敵を愛する」などといったガラス細工の如き繊細で壊れやすい精神的内面操作からなる「合気の原理」（「マッハの合気原理」と区別する場合には「愛の合気原理」と呼ぶことにする）とは違い、教わって数分後には誰でも「合気」を操ることができる簡単な技法だ。

こうして還暦を過ぎた僕に天恵の如く降ってわいた「万人のための合気の原理」だが、その出自や印象から、明らかに全世界の合気道家全員で共有すべきものであり、決して僕一人や僕自身が直接指導する門人達の中だけに秘密裏に留めておくべきではないと信じる。そこで、この天の恵みを広く多くの人達とわかち合うため、『合気・悟り・癒しへの近道――マッハゴーグルが世界を変える――』と題する本書を緊急出版することとした。読者諸姉諸兄においては日々の稽古の中で大いにこれを生かし、合気道が開祖・植芝盛平翁がお示しになられた如く、本気でかかってくる相手を真に投げ倒すことができるすばらしい武道に他ならないという事実を、広く一般に知らしめる一助とされたい。

その意味でこの本は、道半ばにしていったん合気道から離れてしまったこの僕自身が、四十年後にして初めて示した植芝盛平翁への心からのお詫びの記だともいえよう。そして、天に向かって大きく叫びたい。

「盛平先生、やはり、合気道は六十歳からでしたね」

第一章　合気最短修得技法・納得編

まずは、論より証拠。「合気最短修得技法」と呼ぶことにする、教わった直後から誰でも簡単確実に「マッハの合気原理」を用いた「合気」を操ることができる技法を、すぐに使ってみていただこう。そうすることで、これまでは抵抗する相手にはまったく通じなかった合気道の投げ技のすべてを、襲いかかってくる相手にすら慈愛の眼差しを向けることができる植芝盛平翁の如き希有《けう》な達人でしか体現することができなかった「愛の合気原理」を用いた合気道の神秘の技のすべてを、真剣に攻撃してくる相手に、誰もがいとも簡単に自在にかけることができるという事実に直接触れることができる。これ以上に万人のための合気の原理である「マッハの合気原理」について心の底から納得し、第二章や第三章において展開するその出自解説や理論的解明に興味を抱いていただける方法はないはずだ。

一　準備するもの

まずは小学校低学年程度の、簡単な工作をしていただく。用意する材料は誰もがすぐに身の回りに見つけ出すことができるもので、トイレットペーパーの紙製ロール芯が２本、縦が８センチメートル程度で横が20センチメートル程度のボール紙、それに普通サイズの輪ゴムが２本あればよい。その他に利用するものは、物差しとコンパス、紙を切るためのカッターかハサミ、ボール紙に小さな穴を開けるためのパンチ器（カッターで代用可能）、紙を接着するための糊《のり》か接着剤、それに紙の上に記入できるサインペンなどの筆記具のみ（写真１ａ）。

用意した材料のうち、まずはボール紙を用いて、自分の顔に合わせた「仮面（マスク）」を作る。ボール紙の中心部の下に二等辺三角形の切り込みを入れ、鼻頭を通す部分にする。これをいったん自分の顔に当ててみるのだが、このとき自分の左右の目のそれぞれの中心位置にサインペンなどで印を付けておく。また、トイレットペーパーのロール芯の内径を物差しで測定し、ロール芯の円の直径を求めておく。その後ボール紙を机の上などに置き、左右の目のそれぞれの中心位置を示す印を中心にしてコンパスを使ってロール芯の内径と同じ直径の円を描く。そして、それぞれの円の中心から円周を16等分するように８本の直径と同じ長さの線分を引いておく（写真1b）。

次に、左右それぞれの円に引かれた8本の16等分線に沿って、カッターで切り込みを入れ、ボール紙の表側に16個の扇形の部分を垂直に折り込む（写真1c）。そして、左右それぞれの目の位置に開けられた円にトイレットペーパーのロール芯の端を乗せるように立てるのだが、このとき垂直に折り込んだ扇形の部分に糊を塗りロール芯の内側に貼り付ける（写真1d）。

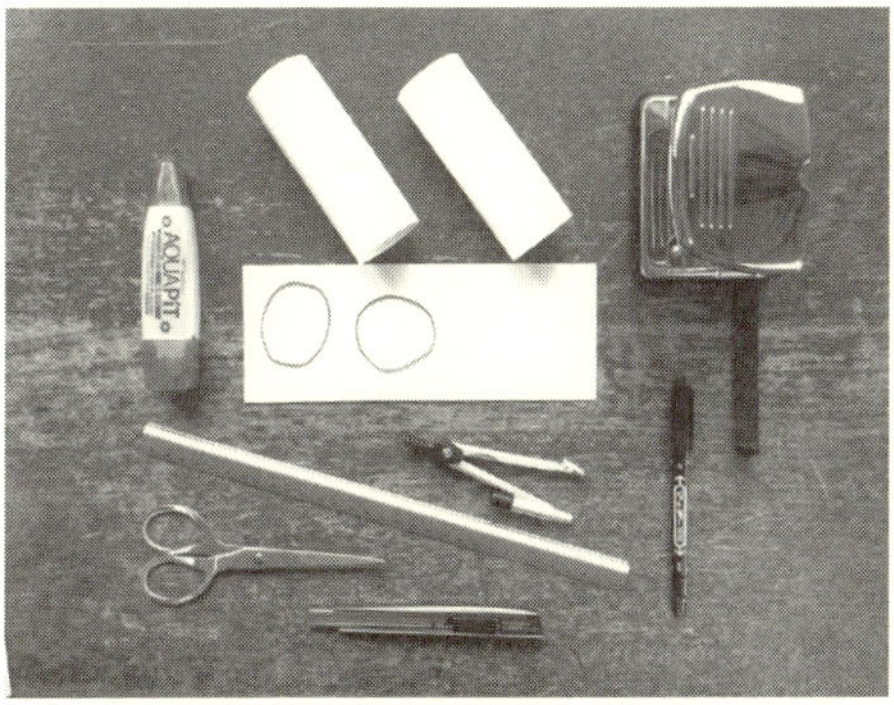

写真1a　必要な材料と道具

写真1b　切り込みを入れたボール紙に左右の目の位置に円と16等分線を描いたところ

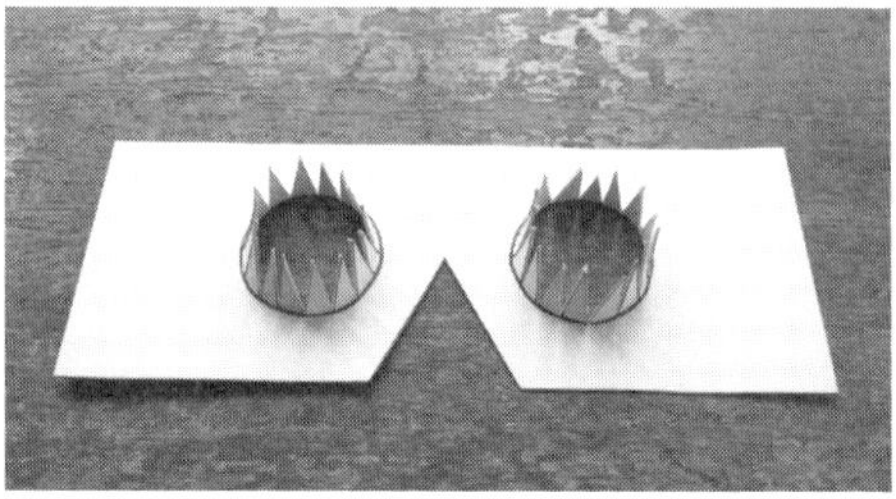

写真１c　切り込みを入れたボール紙の左右の目の位置にある円の16等分線に沿って切り込みを入れ、ボール紙の表側に扇形の部分を垂直に折り込んだところ

写真１d　ボール紙の左右の目の位置にそれぞれトイレットペーパーのロール芯を垂直に取り付けたところ

写真１e　ボール紙の左右両端に開けた穴にそれぞれ輪ゴムを一本固定したところ

最後に、糊が完全に乾いてからボール紙の左右両端の中央部にそれぞれパンチ器を用いて小さな穴を開け、それぞれに輪ゴムを一本通して固定しておく（写真１e）。これで工作は終了。

こうして完成したものは「合気修得仮面」とでも呼ぶにふさわしい道具となるのだが、実は第三章で解説するように、この仮面は「マッハの合気原理」に則した「合気修得」のために利用できるだけではなく、宗教や精神修養におけるいわゆる「悟り」を開く境地に誰もが簡単に至ることができるためにも役に立つ。そのため、合気修得に限定したものではないという点を強調する目的で、以下では単に「マッハゴーグル」と呼んでおく。誰でも簡単確実に「マッハの合気原理」を用いた「合気」を操ることができる「合気最短修得技法」とは、実にこの「マッハゴーグル」を装着して合気道の稽古をすることに他ならない（写真２）。

二　マッハゴーグルの効果検証

こうして完成したマッハゴーグルは、「合気最短修得技法」のために日頃利用している道場内や、悟りを開くために出入りのない静かな部屋の中などでのみ着用し、それ以外の場所では着用しないよう注意喚起しておく。その理由はマッハゴーグルを装着した状態では両眼の視野

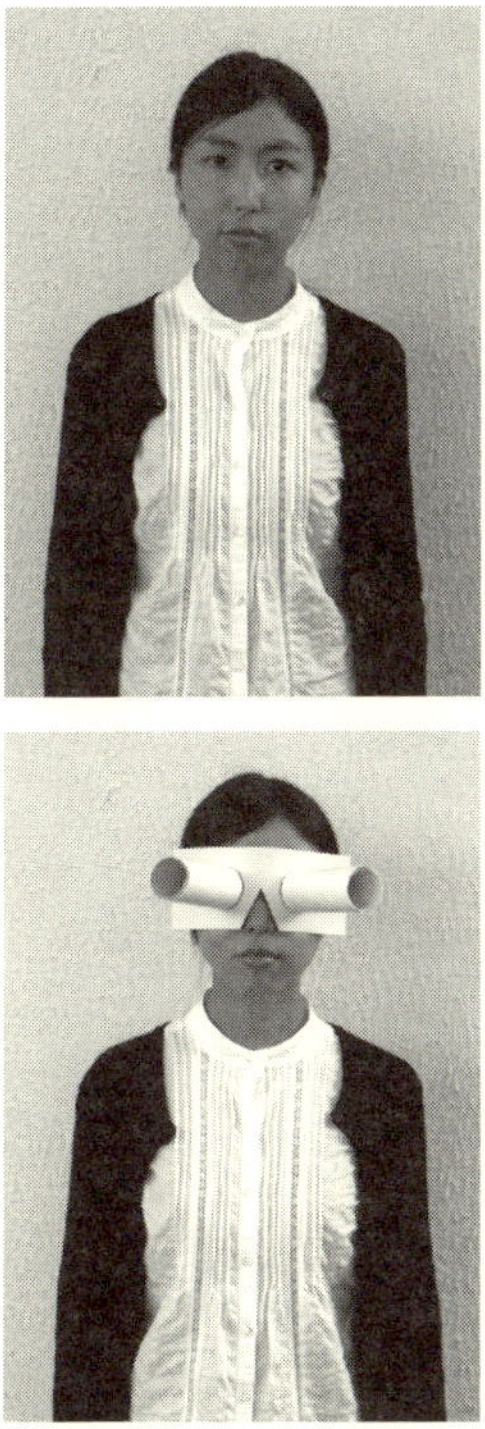

写真２　マッハゴーグルを装着する前（上）と装着したところ（下）

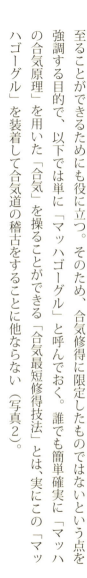

が極端に狭くなり、周囲の危険を察知できなくなることにある。また、マッハゴーグルを装着しているときだけでなく、装着をやめてからもしばらくの間は左脳と右脳の連携が一部遮断されたままとなっているため、日常生活のための標準的な動きに適応しにくくなっていることに留意し、外してから十分程度は落ち着いた環境で静かに座っておくのが望ましい。

実際のところ、マッハゴーグルをほんの数分間装着しただけでアルファ波優位の精神的内面状態になるのだが、それは装着前後の顔の表情の変化からも容易に見て取れる。装着前の表情と、外した直後の表情とを見比べると、明らかに後者では緊張感の少ない穏やかな雰囲気が醸し出されている（写真３）。これについては第三章で解説することにする。

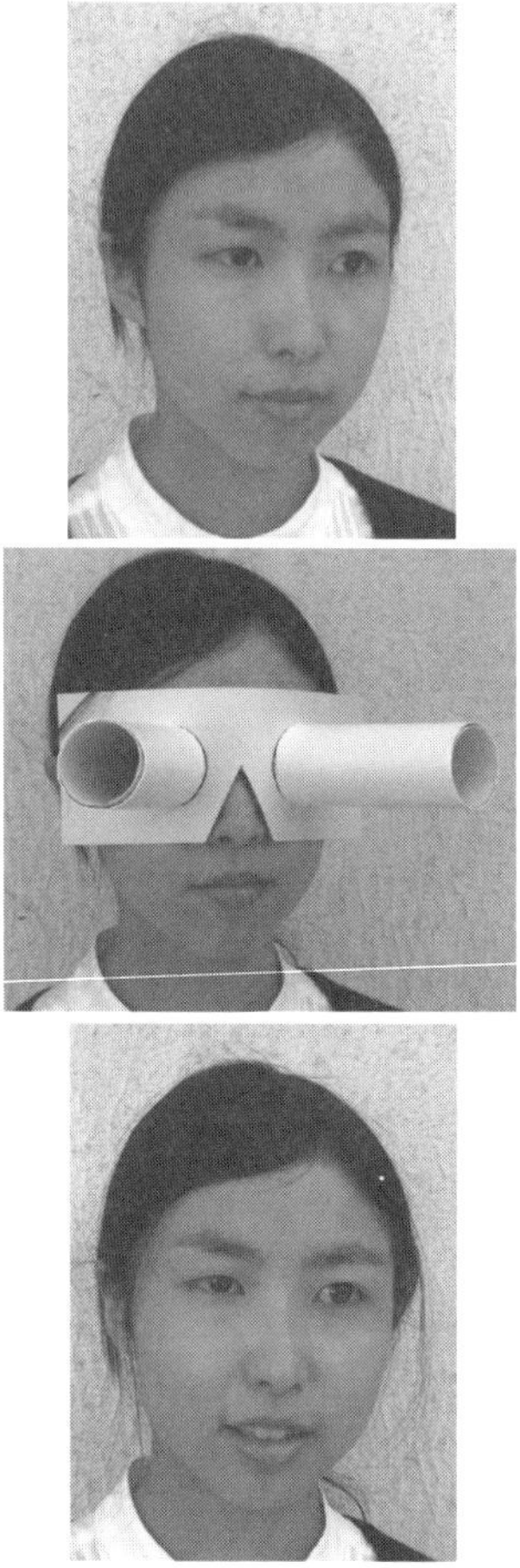

写真３　マッハゴーグルを装着する前の表情（上）と装着した顔（中）及び外した直後の表情（下）

まずは、このマッハゴーグルを装着することによって誰でもすぐに「合気」を操ることができるようになることを検証しておこう。そのためには、植芝盛平翁のように「愛の合気原理」に則《のっと》る「合気」を体現する合気道家にしかできないと考えられてきた、常識的には不可能な返し技である「諸手取《もろてど》り合気上《あいきあ》げ」を利用する。合気道はおろか柔道や空手などの武道、さらには格闘技もウエイトトレーニングもやったことのない女性を被検者として、この「諸手取り合気上げ」の技を屈強な男性相手にかけてもらうのだ。

床の上に置いた片腕を相手が自分の体重を乗せるようにして両手で押さえ込んできたならば、合気道家の男性であっても「合気」を使わず全身の筋力だけでその片腕を上げることはできない（写真４）。だが、「愛の合気原理」に従って、その合気道家が相手や生きとし生けるものすべてを「愛する」ならば「合気」と呼ばれる不思議な効果が発動され、押さえ込まれた片

写真４　諸手取りで片腕を押さえ込まれたならば合気道家でも筋力だけでは片腕を上げることはできない

写真5　諸手取りで片腕を押さえ込まれても、合気道家が「愛の合気原理」による「合気」を用いれば簡単に片腕を上げることができる

腕を簡単に上げることができる（写真5）。ただし、植芝盛平翁亡き後この「愛の合気原理」を体現することができる合気道家の数は決して多くはないため、ほとんどの合気道の道場においてはこの「諸手取り合気上げ」の技を稽古することはないようだ。それほどまでに筋力体力だけでは難しい返し技だからこそ、合気道家が真に「合気」を身につけているか否かを検証するための最適な手段を、この技は提供してくれる。

通常は「愛の合気原理」による「合気」を修得したか否かを試すために利用される「諸手取り合気上げ」だが、ここでは武道経験のない全くの初心者の女性が「マッハゴーグル」を装着するだけで「愛の合気原理」をマスターした合気道家と同様の「合気」を操ることができるか否かを検証することに利用する。即《すなわ》ち、初心者の女性が床の上に置いた片腕を屈強な男性が自分の体重を乗せるようにして両手で押さえ込む。当然ながら筋力でその片腕を上げることはできない（写真6）。次に、女性に「マッハゴーグル」を装着してもらうと、押さえ込まれた片腕を簡単に上げることができる（写真7）。これは「マッハの合気原理」に従って、「合気」の効果が誰にでも何の努力もなしに発動されることを物語っている。つまり、「マッハゴーグル」を装着しさえすれば、誰もがすぐに「合気」を操ることができるのだ。

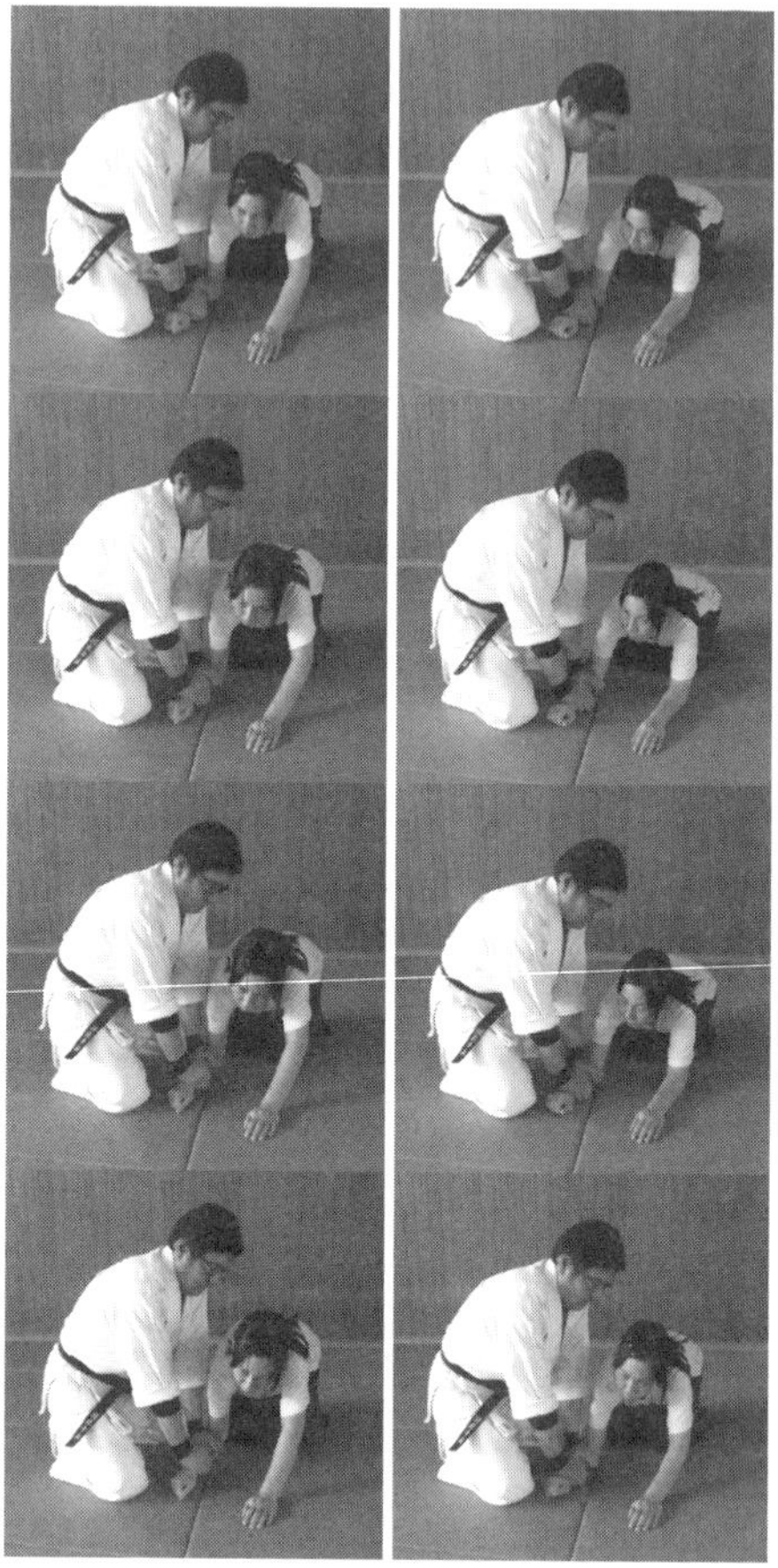

写真６　屈強な男性に諸手取りで片腕を押さえ込まれたならば女性は片腕を上げることはできない

それだけでは、ない。この「マッハゴーグル」をしばらく装着してから取り外した直後に、同様の「諸手取り合気上げ」を試してみることにより、「マッハの合気原理」に則った「合気」を「マッハゴーグル」を装着しないでも操ることができるようになっていることがわかる（写真８）。換言するならば、「マッハゴーグル」を装着すること自体が「マッハの合気原理」による「合気修得技法」と考えられるのだ。実際問題として、「マッハゴーグル」を装着していた

写真7　屈強な男性に諸手取りで片腕を押さえ込まれても、女性が「マッハゴーグル」を装着しさえすれば簡単に片腕を上げることができる

ときの両眼視野を「マッハゴーグル」を外しているときにいつでも自在に再現できるようにさえなれば、「マッハゴーグル」を用いた「マッハの合気原理」に則る「合気」を身に付けたことになる。これは人によって生まれつきの差異はあるが、標準的な場合でも一日一時間程度の「マッハゴーグル」装着を一週間程度続けさえすれば誰でも達成することが可能だ。

写真８　屈強な男性に諸手取りで片腕を押さえ込まれても、しばらく「マッハゴーグル」を装着していた女性であれば、「マッハゴーグル」を外した後であっても簡単に片腕を上げることができる

三　合気道の技に活かす

こうして「マッハゴーグル」を装着することで、本当に誰でも簡単に「合気」を操ることができることが判明した。そこで次には、未だ「愛の合気原理」による「合気」を身に付けていないため、真剣に攻撃してくる相手を合気道の技で投げ倒すことができない合気道家が、「マッハゴーグル」を装着して同じ投げ技を使ったときにどうなるかを、具体的に見ていくことにする。むろん、「マッハの合気原理」によって「合気」が発動されるため、合気道の技がことごとく見事に決まっていき、誰もがすぐに植芝盛平翁のような合気道の達人になったかのようになる。これについて詳しく見ていくために、合気道の典型的な技を巻末附録で逐次取り上げておく。技の詳細については、例えば拙著『合気道三年教本――第一巻・初年次初級編＝慣性力を活かす――』、『合気道三年教本――第二巻・二年次中級編＝呼吸力を活かす――』、『合気道三年教本――第三巻・三年次上級編＝中心力を活かす――』（ともに海鳴社）にあるので、必要ならばそちらを参考にしていただきたい。

それぞれの技について、まずは「愛の合気原理」による「合気」を修得した合気道家の技の動きを連続写真（a）で確認した後、未だその「合気」を身に付けていない合気道家の技がうまく効果を発揮しない様子を連続写真（b）で確認する。その後、その「合気」を身に付けていない合気道家が「マッハゴーグル」を装着して同じ技を試す様子を連続写真（c）で確認することで、「マッハゴーグル」によって「マッハの合気原理」に則る「合気」を誰もがすぐに身に付けることができることを、実際の稽古場面においても再検証できる。ただし、このとき実際に装着するのは本書で工作手順を示した簡易版の「マッハゴーグル」ではなく、製品版プロトタイプの「マッハゴーグル」とする。さらには、「マッハゴーグル」を装着したままで十五分以上稽古した合気道家が、直後に「マッハゴーグル」を外してから同じ技を試す様子も連続写真（d）でチェックする。これによって、この合気道家が「マッハの合気原理」に則った「合気」を「マッハゴーグル」を装着しないでも操ることができるようになっている、つまり「合気」を修得したことがわかるだろう。

第二章　万人のための合気の原理・発見伝

前章では、「マッハゴーグル」を装着しさえすれば本当に誰でもすぐに「マッハの合気原理」を用いた「合気」を操ることができるだけでなく、そのまましばらく着用し続けておくだけでその後「マッハゴーグル」を着用していないときにも「合気」の効果を発動させることができる、つまり「合気」を修得することができることを見てきた。この「合気最短修得技法」によって、植芝盛平翁の如き希有な達人しか体現することができない「愛の合気原理」を用いた合気道の神秘の技のすべてを、本気で攻撃してくる相手に誰もがいとも簡単にかけることができたのだ。これで万人のための合気の原理である「マッハの合気原理」のすばらしい効果について、大いに納得していただけたはず。

だが、その肝心の「マッハの合気原理」そのものについては、それがいったいどのようにして見出されたものなのか、さらにはそれが精神物理学や脳科学において理論的あるいは実験的にどの程度まで解明されている科学的事実なのかについては触れられていなかった。後者については続く第三章に譲るが、ここでは主として前者に焦点を当てながら「マッハの合気原理」というものが、単に合気道やその他の武道・格闘技における奥義と目される「合気」と呼ばれる不思議な崩し技法のからくりを教えてくれるだけでなく、宗教や瞑想における「悟り」というものがいったい何を意味するのかをも示唆するということを示しておく。

一　住職の疑問

僕が「万人のための合気の原理」に気づいただけでなく、誰もが労せずしてすぐに合気を修得することができる簡単な技法に思い至ったのは、今年二〇一六年の七月末からお盆にかけてのことだった。事の始まりは七月三十一日の午後、お盆の灯明《とうみょう》を上げるためにお寺のご住職が拙宅にお出でになった。お勤めの後の歓談の席でのこと、僕が変わり種の理論物理学者だとご存じのご住職が、この世とあの世の成り立ちについて問いかけてこられた。何でも、京都にある本山の教学部から年始めに出された通達によれば、僧侶というものは単に人々が実際に亡くなられるときに成仏していただくためのお手伝いをすればよいというものではなく、これからは今このときに生きている人々を「現世成仏」へと導くお役目があるとのこと。そして、この「現世成仏」ということがいったいどういうことを意味するのかについて、真剣に悩み続けておいでだった。

それは、「成仏」ということの意味、即ち「仏になる」ということを「死んであの世に行く」とするなら、「現世成仏」とは簡単にいえば「この世に生きながらあの世に行く」ということになるという考えに端を発したものだ。「この世に生きながらあの世に行く」ためには、「あの世」が「この世」から遙《はる》か遠くにある「西方浄土」であっては困ることになる。むしろ、「この世」と「あの世」は両手の指が互いに絡み合ったように、どこででもすぐ側に接しているようになっていればこそ「現世成仏」が可能になるのではないか!?　そこまで胸の内を明かして下さった上で、ご住職は僕に一つ質問をなさった。物理学の考えで、この宇宙の中のあらゆるところで「あの世」というか、極楽浄土と密接に絡むように接している構造などというものが可能なのでしょうか、と。

これを聞いたのがごく普通の物理学者であったなら、おそらく「そんな構造などあり得ない」と笑い飛ばしてしまっていただろう。だが、ご住職が問いかけてしまった相手は幸いにも、異端の理論物理学者というレッテルを貼られていたこの僕だった。夏休み期間中ということもあって、久しぶりに専門の理論物理学、特に湯川秀樹博士が晩年に提唱なさった「素領域理論」についての一般向け解説書の原稿を書いていた僕だったからこそ、ご住職を唸らせてしまう答が口を衝いて出てきたに違いない。そう、「ノーベル賞を日本人で初めて受賞した理論物理学者湯川秀樹先生が晩年に提唱された素領域理論を持ち出しさえすれば、宇宙開闢《かいびゃく》以来ずっと『この世』の『空間』は至るところで常に『あの世』に密に接している構造が存在することを示すことができます」という、驚きの答が！

それを聞いたご住職は、当然ながら「素領域理論」という初めて耳にする物理理論に食いつき、それを誰にでもわかる言葉で簡単に説明してほしいと懇願なさった。そんなわけで、急遽《きゅうきょ》「あの世」から「この世」がどのようにして生まれたのかを喩《たと》え話的にかいつまんで話すことになった。その内容は、ざっと次のようなものだ。

この宇宙が生まれたのは今から約百三十七億年ほど前のことだが、それ以前には何があったのかというと、そこには「完全調和」のみが存在していた。その状態を「真空」と呼ぶのだが、この完全調和の状態ではその一部で調和が自発的に壊れた領域が生み出されることがある。その領域が「素領域」であり、その大きさは10の35乗分の1メートル程度で、物質の最小構成要素とされる素粒子の大きさと考えてよい。そして、この素領域の全体が「宇宙空間」に他ならないが、それを「宇宙」あるいは「空間」と略すことが多い。

ここで完全調和のみが存在する「真空」を「あの世」、その完全調和が壊れた部分である「素領域」の集まりである「宇宙空間」を「この世」と考えるならば、「この世」は「あの世」の中に生まれ存在し続けていることになる。ところが、「この世」である「空間」は虚空《こくう》が遥か彼方にある「あの世」との境界にまで連続的に広がった空虚な入れ物ではなく、極微のスケールを拡大してみると数限りない「素領域」が互いの間を「あの世」である「真空」で隔てられて分布する構造を持っているのだ（図1）。つまり、「この世」はその細部において「あの世」に接するように複雑に絡み合って存在していることになる。

図1　素領域が真空の中に存在する構造

以上が僕がご住職に語った、湯川秀樹先生が晩年に提唱されていた素領域理論における「空間」の微細構造の概要だ。物理学の中で、この宇宙の中のあらゆるところで「あの世」（ご住職の言葉では極楽浄土）と密接に絡むように接することが可能な理論としては、僕が若い頃に研究していた素領域理論以外には考えられなかった。そして、当時ですらその素領域理論のことを知っていた物理学者はわずかしかいなかったのだから、湯川先生が亡くなられて久しい現在では、おそらく誰も素領域理論の名前すら覚えていないだろう。つまり、ご住職がお盆のお勤めの後の雑談の中でふと問いかけた相手は、現時点でおそらく唯一その問いかけにきちんと答えることができる人間だったということになる。

それだけでは、ない。若い頃に研究に没頭していた素領域理論のことを思い出しながら語った僕の口を衝いて出たのは、ご住職が最も理解したいと願っておいでだった「現世成仏」についての意味づけだった。即ち、我々が生きている「この世」が素領域理論での「宇宙空間」であるなら、その最小構成要素としての「素領域」が「あの世」である完全調和の「真空」に囲まれていることから、「この世」はその至るところで「あの世」に密に接していると考えられる。となると、「この世」に生きる我々は好むと好まざるとにかかわらず、身体の内部に至るまで「あの世」にどっぷりと浸かった状態で存在していることになり、「この世」と「あの世」を隔てているものは単に「あの世」が遠いどこかにあると勝手に感じている間違った思い込みでしかないことになる。ならば、「この世」に生きている我々は、思い込みを捨ててその気になりさえすればいつでもどこでも「あの世」に自在に触れることができることになるではないか。それが「現世成仏」の本意に違いない！

加えて、そもそも湯川秀樹先生が「素領域理論」に思い至る過程には、世界的な大数学者である岡潔先生の紹介で交流が始まった浄土宗光明派の僧侶・山本空外《くうがい》和尚の影響があったのだと、ご住職に伝えた。そして、空外和尚は国際的に知られていた哲学者でもあった、とも……。

これを聞いたご住職は両手の指を互いに絡み合わせながら、なるほど、「この世」と「あの世」がこのように織物のように縦横に絡み合っているのであれば、「この世」に生きながら「あの世」にも鎮座することも可能になるのでしょうね。それであれば、我々僧侶も皆様に「現世成仏」を説くときの確かな視座を得ることができ、今まさに迷っておいでの皆様をお導きできるというものです……。という具合に、大いに関心し、納得して下さった。そして僕もまた、ご住職のいう「現世成仏」に心の奥底で興味を抱き始めたのか、ふと「首のない自画像」の話を思い出したため、これまた如何にも熟知していましたとばかりに語り始めた。

この「首のない自画像」については、僕自身はその時点で目にしたことは一度もなかったのだが、「合気」の原理解明にその生涯をかける空手家・炭粉良三氏の数多い著作の中に記述があったことを覚えていた。確かヨーロッパの哲学者か思想家が描き遺した「自画像」があって、それは他の標準的な自画像とは根本的に大きく違ったものになっているという話だ。普通、自画像は鏡に映った自分自身の姿を描くものだが、その「首のない自画像」というのは床の上に仰向けに寝そべっている自分の身体を、自分の左目から見える範囲で、すべて自分で描き写したスケッチだという。つまり、つま先から足首、膝から太もも、腰から上の胴体や両腕、さらには彫りが深い目の奥から見え隠れする鼻筋や口髭の一部などまでが描かれているのだが、そのどこにも「自分自身」が描かれてはいない。だが、その「どうしても描き得ない」ものとしての「自分自身」を「暗に」描いているというか、それがその「首のない自画像」に見入る「自分自身」の存在を示唆していることは明らかだ。

そんな不可思議極まりない自画像がヨーロッパにあったという話を炭粉さんの著作で読んだ記憶がふと蘇ったのだが、たった一つのおぼろげな印象のみを基にして僕はご住職に思いつくままの考えを述べていく。「この世」としての「空間」の最小構成要素である「素領域」が「あの世」としての「完全調和」の中に離散的に分布しているのであれば、「素領域」は常に「完全調和」によって囲まれているわけで、「完全調和」を「神」と呼ぶことにするなら「神」は「この世」の至るところから「この世」の中を覗き見ることができる。そして、「首のない自画像」はこの事実、即ち神は常にどこからでもこの世界の中を見ているということを暗示するだけでなく、我々自身が「神」なのだと教えてくれている。だからこそ、我々人間は今このときに目の前に立ち現れている「この世」の場面を、この「首のない自画像」のようなものでしかないと自覚することによって、「神」の視野を得ることができる！　これこそが、「現世成仏」なのではないでしょうか、と。

文字どおり釈迦に説法の如く畳みかけた僕の話だったのだが、ご住職はノートに書き込みながら目を輝かせ、終始笑顔でうなずいて下さった。とてもよくわかると、何度も繰り返して下さりながら……。

二　合気解体新書

次の檀家でのお勤めのために移動しなくてはならなかったご住職は、「後ろ髪を引かれる思いです」と言い残して我が家を辞していかれた。お見送りの後、うろ覚えでしかなかったことをさも熟知している内容であるかのようにお伝えしてしまったことで、ご迷惑をおかけしては申し訳ないと思った僕は、すぐに本棚から炭粉良三氏の著作を何冊か取り出してチェックした。「首のない自画像」について記された部分はすぐに見つかったのだが、それは『合気解体新書——冠光寺眞法修行叙説——』（海鳴社）にあった。

ヨーロッパの哲学者か思想家が描き遺したという僕の記憶は正確ではなく、愚かにもその肝心の部分を失念していたのは物理学者として恥ずべきことだが、何と「首のない自画像」を描いていたのはオーストリアの物理学者エルンスト・マッハだった！　マッハといえば、音速を超えるスピードの指標に使われる「マッハ数」で一般にも知られるが、マッハを物理学者として最も有名にしているのは、アインシュタインが難解な一般相対性理論を完成させるときに参考にした「マッハの原理」と呼ばれる物理原理を提唱したという事実。そのマッハが描いたのが「首のない自画像」であり、その存在を知っている人達の間では「マッハの自画像」と呼ばれていたのだ（図2）。

図2　マッハの自画像

僕の印象が宗教家か哲学者というものだったのは、実は炭粉さんの記述にはマッハ本人ではなく「マッハの自画像」に描かれた「首のない自分」を見た瞬間に凄まじい霊感に打たれたイギリスの神秘主義宗教家であり哲学者のダグラス・ハーディングのことが前面に出ていたからだった。炭粉氏の表現をそのままお借りするならば、ハーディングが「マッハの自画像」を見たときに打たれた稲妻の如き疑問とは次のようなものだったのだ。

＊

自分だと思って疑わない何よりも確かであるべき存在、その存在が、実は、ない！　感じられない！

私は、何処だ？

何処にいる？

いや待て、私は、ここだ！　ここにいる。だが、その自分の中心とも呼ぶべきところから、私達は物を見ている気がする。けれど……その中心に存在するはずの、確固たる自分の存在が……見えない！　感じられない！

いったい私達は何処で見ているのだ？　何処で聞いているのだ？　そして、何処で感じているのだ？

自分との距離ゼロの地点にある「存在」とはいったい、何だ?!

＊

そして、この衝撃的な疑問と同時に得られた答によれば、自分との距離ゼロの地点にある「存在」は「マッハの自画像」には「空」として描かれた（つまり描くことのできなかった）ものであり、それこそが（やはり描くことのできない）「神」であり「愛」なのだ。

合気研究家としての炭粉氏が出した結論は、合気道の要となっている「合気」の秘術は、自分との距離ゼロの地点にある「在りて在るもの」に己の身体の動きを完全に託すことによって実現されるというものだった。そう、「神への全託」こそが「合気」を操るための必要条件だと判明したのだが、この事実は武術家・近藤孝洋氏によっても以前から指摘されてきたことだ

(『極意の解明――一撃必倒のメカニズム――』=愛隆堂、『武術極意の本当の話――古流剣術・古流柔術・古伝中国拳法の秘術の研究――』=BABジャパン)。

換言するならば、この時点で炭粉良三氏も近藤孝洋氏も共に「合気」の原理を、本書でいうところの「マッハの合気原理」に近いものだと見抜いていたことになる。だが、実際に「マッハの自画像」に描かれていたような視野を得るための道具である「マッハゴーグル」を使うことによって、誰もが労せずしてすぐに「合気」を操ることができ修得することもできるという事実に僕が気づけたのは、このときのご住職との対話に始まるわずか三週間という期間でのことだった。

三　ホルスの眼

その後毎日のように「首のない自画像」つまり「マッハの自画像」を眺めていたのだが、それでわかったのはそれが左目のみで見た構図になっていること。右目で見た構図では何故いけなかったのか？　単に右目よりも左目の視力が勝っていたのでそうしただけなのかもしれない。あるいは、両目から見た構図で描くのが面倒だったのか？　そんな疑問も湧いてはきたが、そのときはさほど気にもしなかった。この時点で左目の視覚認識を司《つかさど》るのが右脳だということを思い出していれば、右脳が「神」や「愛」につながっているという事実を、脳出血罹病体験によって実際に見出したアメリカ人女性医師ジルボルト・テイラー（『奇跡の脳』竹内薫訳＝新潮社）とのかねあいで、左眼視野のほうが自分の中心にある「存在」の視野に近いということに気づけていたかもしれない。

それよりも、僕自身の興味は、どうやったならば「マッハの自画像」に描かれている「単眼視野」を得られるのかという点に注がれていた。そのため、暇さえあれば鏡に自分の顔や眼を映して遊んでいた。だが、普通に鏡を覗き込んでいただけでは、視野の本質は何も変わらない。無為に時間を潰しながらあれこれと試していたとき、ふとしたことで額に接触するほど鏡の面を近づけてしまったことがある。当然ながら眼で焦点を結ぶことができる最短距離よりも近いところに自分の両目の虚像が置かれていることになり、そのままでは何もはっきりとは見えないはず。だが、最初の数秒間こそ視野の中に明確な像を結ぶことができなかったのだが、その後は何故か眼が一つだけ中央部に位置する僕の顔が極めて明瞭に見えていた。

鏡の中のその一つ目の顔を注視していくうち、その一つ目からこちらを逆に覗き込んでいる「存在」があるような気配を感じた僕は、このままでは大変なことになってしまうととっさに思い、鏡を遠くに離す。次の瞬間には正常な視野が戻り、鏡の中にはいささか困惑した表情の僕の顔をはっきりと見て取ることができた。そのとき、後頭部に残ったわずかの疲労感のよう

写真９　アメリカ合衆国連邦準備銀行が発行している１ドル紙幣

なものが、「愛の合気原理」による「合気」を発動させた直後の感覚に似ていたことに気づいた僕は、そこにも同様の「神降ろし」の効果が生まれていたのではないかと考え始めていた。何故なら、拙著『合気眞髄――愛魂、舞祈、神人合一という秘法――』や『合気の秘訣――物理学者による目から鱗の技法解明――』（ともに海鳴社）でお伝えしたように、「愛の合気原理」を成り立たせているものは「愛」によって「神」と同化することができるという真理に他ならないからだ。

　こうして、鏡の中に映り込んだ自分の両目を見ながら鏡をとことん近づけていき、最後に一つ目の顔が現れるところまで注視していけば「合気」を操ることができる状態になっているはずという確信が生まれた。その確信をより強いものにしてくれたのは、鏡の中からこちらを覗き込んでいるかのように見える一つ目が、アメリカの一ドル紙幣にIN GOD WE TRUSTの文字とともに印刷されているピラミッドの頂上に描かれたエジプトの「ホルス神」を表す一つ目である「ホルスの眼」のように映ったからだ（写真9）。つまり、鏡の中に現れる一つ目こそは、神がこの世界の中を見るための「覗き穴」に他ならないと思えたわけだ。

こうして、「神の覗き穴」である一つ目を見つめることによって「合気」を操ることができるようになるという確信を実際に確かめることができたのは、数日後の八月七日のことだった。僕が主宰する冠光寺流東京本部道場の稽古の場で、「神の覗き穴」によって「合気」を得られることを女性の門人の一人に試してもらったのだ。ただし、身近なところに手鏡がなかったため、鏡の中に映り込んだ自分の顔の代わりに、目の前にある稽古相手の顔を利用してもらうことになった。

写真10　焦点を合わせることができない距離まで相手の顔にこちらの顔を近づける

即ち、目の前に立つ稽古相手と組み合った後、文字どおり相手の両目が本人の両目の前にくるように互いの鼻先が当たるくらいまで首を前に出して顔を相手の顔に近づけることにしてもらった。こうしさえすれば、鏡を額に接するように近づけたときに鏡の中に映っている自分自身の顔と、目の前の稽古相手の顔がほぼ同じようになるからだ。そう、ここまで自分の顔を相手の顔に近づけたなら、確かに相手の顔も真ん中に一つ目があるだけのように見えるではないか（写真10）。

その刹那、相手の両肩に置いていた両手を軽く動かしただけで、相手の身体は後ろに大きく崩れるように倒れてしまった（写真11）。その様子は、どう見ても「合気」によって崩されたかのようにしか映らないし、稽古相手自身の印象も「愛の合気原理」による「合気」によって倒されたときと同じだという（写真12）。

僕自身、この時点で判明した「相手の両目が一つ目に見える」ことで発動される「合気」が、本書の中心テーマである「マッハの合気原理」につながっていくとは思ってもいなかった。単に「神の覗き穴」としての「ホルスの眼」を逆に覗き返すという、いささか風変わりな技法を使うことでも「合気」というものを操ることができるのかと、内心面白がっていただけだったのだ。だからこそ、その三日後に初めて高野山を訪れたとき、根本大塔の中にある巨大な立体曼陀羅を見上げた僕は「あること」を試した。それは、広島県の山奥で隠遁生活をなさっていたカトリック神父様から教わった「愛の結界」の秘儀による「合気」を試すことで、それもまた「合気」を発動するだけでなく「ホルスの眼」を己の眼前に浮かび上がらせることにより

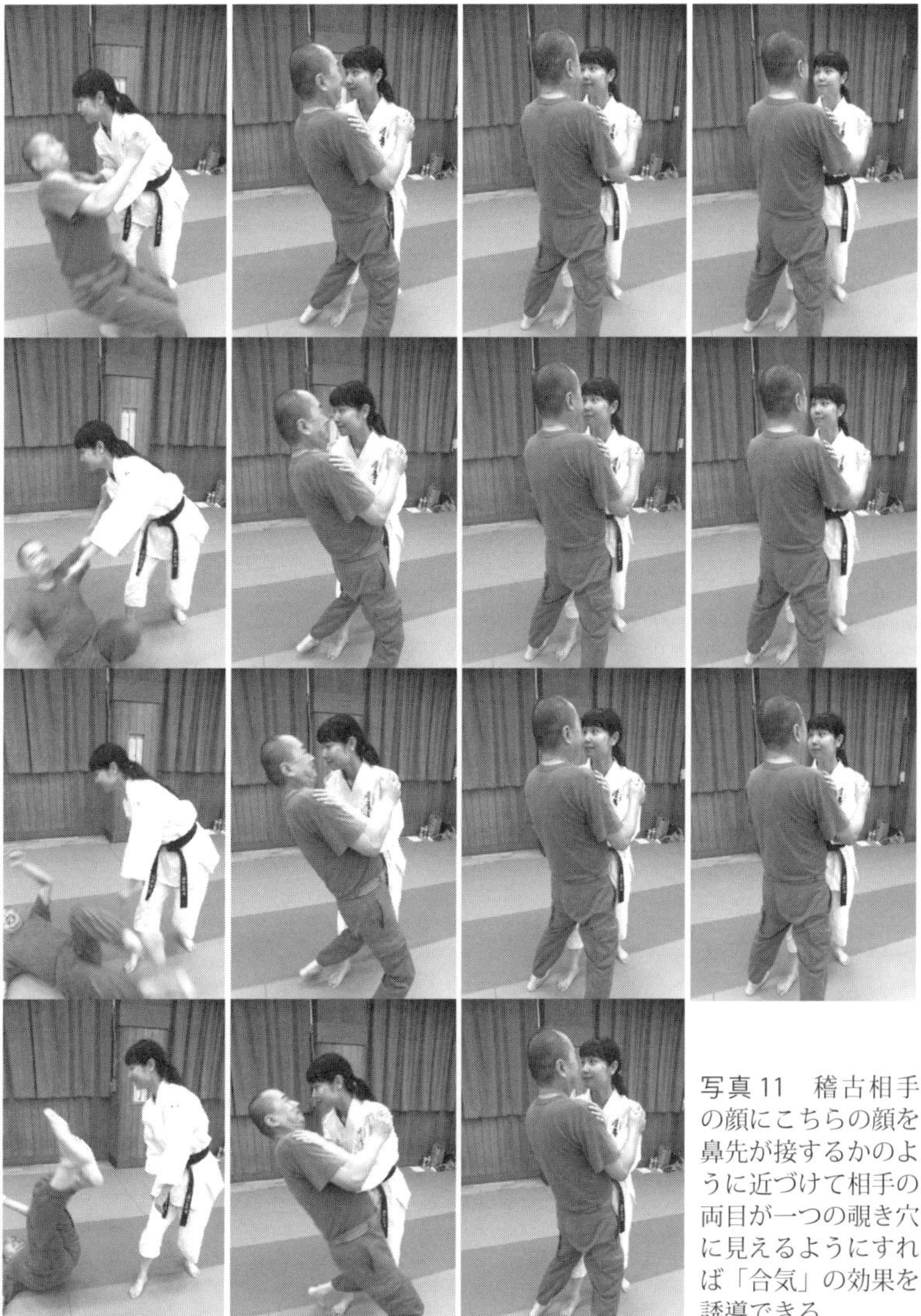

写真11　稽古相手の顔にこちらの顔を鼻先が接するかのように近づけて相手の両目が一つの覗き穴に見えるようにすれば「合気」の効果を誘導できる

「神の覗き穴」を生み出す効果があることに気づくことができた（写真13）。遊び心がなければ、参拝客でごった返す根本大塔の中にふと途絶えた人影を狙って、隠遁者様に教わった秘儀を試すなどという馬鹿な行動には出ないはずだ。そしてその遊び心こそが、さらに僕を真実へ導い

写真12　同じ稽古相手を「愛の合気原理」による「合気」の効果で倒す様子

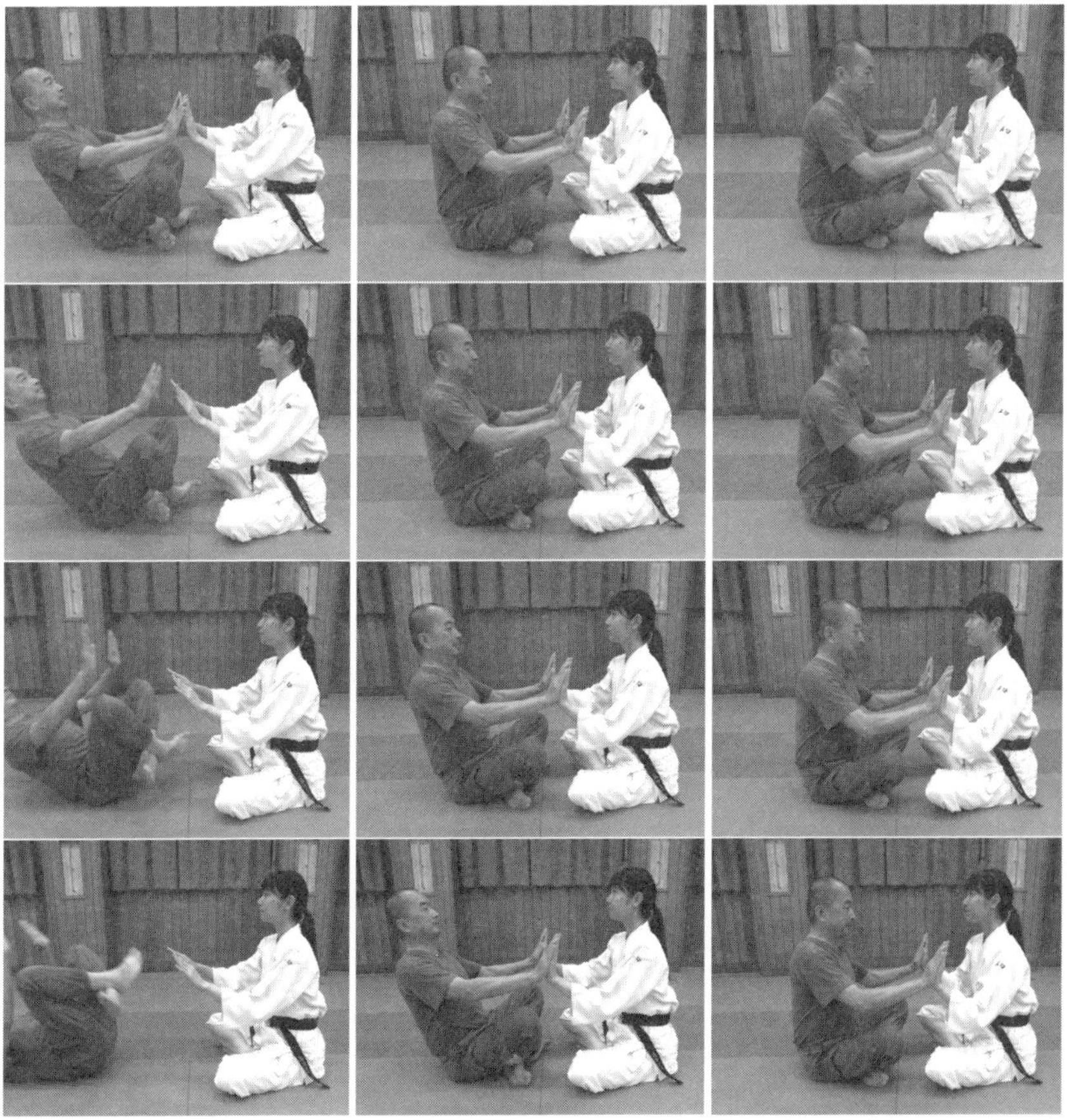

写真 13　広島県の山奥で隠遁生活をなさっていたカトリック神父様から教わった「愛の結界」の秘儀によっても「合気」の効果を得ることができる

ていく。

四　両眼視野の分離

根本大塔の中で立体曼陀羅が、真に眼前に「ホルスの眼」を生み出すからくりを教えてくれてから三日後の八月十三日、岡山本部道場で少人数相手に稽古をしていたときのこと。稽古相手の両目が「ホルスの眼」よろしく、「一つ目」になるまで相手の顔にこちらの顔を近づけることで「合気」の効果が現れることを説明した。だが、東京で稽古している人達に比べて岡山の田舎に暮らす皆さんは、そこまで相手に顔を近づけるということに照れが入るのか、なかなか相手の顔が「一つ目」になるまでには至らない。

中には、「相手の顔がなくて両目だけが空中に浮いていれば気にせずに接近できるのに……」と独白する人までいた。それを聞いていた僕は、ならば相手の両目だけが見えるようにしてあげればよいのかと考え、ちょっとしたアイディアに至る。すぐにトイレに行って個室の横にある清掃道具入れのドアを開けると、好都合なことにトイレットペーパーの芯だけが十本ほど置いてあった。管理人の方がまとめて捨てようと思ってそこに置いてあったようで、それを二本だけ拝借した僕は急ぎ道場に取って返す。

気恥ずかしくて相手の顔に自分の顔をとことん近づけることができないという門人のところに行き、自分の左目と相手の右目、そして自分の右目と相手の左目をそれぞれこのトイレロールの芯を通して眺めるように指導しようと思い、歩きながら僕自身が左右の目それぞれにトイレロールの芯を当ててみた。その瞬間、足を止めた僕はまるで霊感に撃たれたかのように愕然とする。そう、「マッハの合気原理」による「合気」の効果に気づくことができたのだ。トイレロールの芯二本で両眼視野を分離することで、「マッハの自画像」の中に暗示的に描かれた自分自身の中心に位置する「存在」に気づくことができたそのときの「僕」は、既にこの「僕」ではなく、まさにあの「僕」、つまり「神の覗き穴」からこの世界の中を垣間見ているに過ぎない「神」となっていた。だからこそ、たちどころに「合気」を操ることができるようになったのだ、ただただ両目の前に二本のトイレロールの芯を双眼鏡のように持ってみただけで（写真14）。

写真14　二本のトイレロールの芯を両目の前に置くことによってすぐに「合気」の効果を得ることができる

もちろん、その場にいた全員でこの「マッハの合気原理」による「合気」の効果をすぐに確認したのだが、これまで「愛の合気原理」による「合気」を一度も操ることができていなかった初心者も含めて、本当に全員がすぐに「合気」

を用いて相手を崩すことができたことには驚かされた。ある彫りの深い顔をした男性は、二本のトイレロールの芯をうまく両目の部分に挟み込むことができたため、両手を自由に使うことができそうだった（写真15）。そこで彼に頼んで、倒されないように本気で抵抗している稽古相手に対して合気道の技を幾つか試してもらったのだが、凄まじい「合気」の効果に僕だけでなくその場の全員が感嘆してしまった。

写真15　二本のトイレロールの芯を両目の前にうまく挟み込むことによって、「合気」の技をすぐに自在に使いこなすことができる

彫りが深くない顔の場合はトイレロールの芯を手で目の前に支えておく必要があったが、まさに必要は発明の母。誰からともなく「針金か何かで眼鏡のように二本のトイレロールの芯が目の前に支えられるような仕掛けを作るべきだ」という意見が出されたのはいうまでもない。「マッハゴーグル」ないしは「マッハ眼鏡」、あるいは「マッハマスク」や「マッハ仮面」と呼んでいる仕掛けが考案された瞬間だった。

時に二〇一六年八月十四日、お盆の土曜日の午後のこと。翌日から一週間ほどを費やした僕は、その昔に手に入れていたスイス空軍の初等飛行訓練用のゴーグルの左右のガラス部分を外し、そこにガムテープで補強したトイレロールの芯を一本ずつ差し込んでみた。すると、どうだ。まるできちんと設計してしつらえられたかのような、見事な「マッハゴーグル」が完成したではないか！　まるで「合気修得ゴーグル」としての製品版プロトタイプといってもよいくらいの出来映えだ（写真16）。

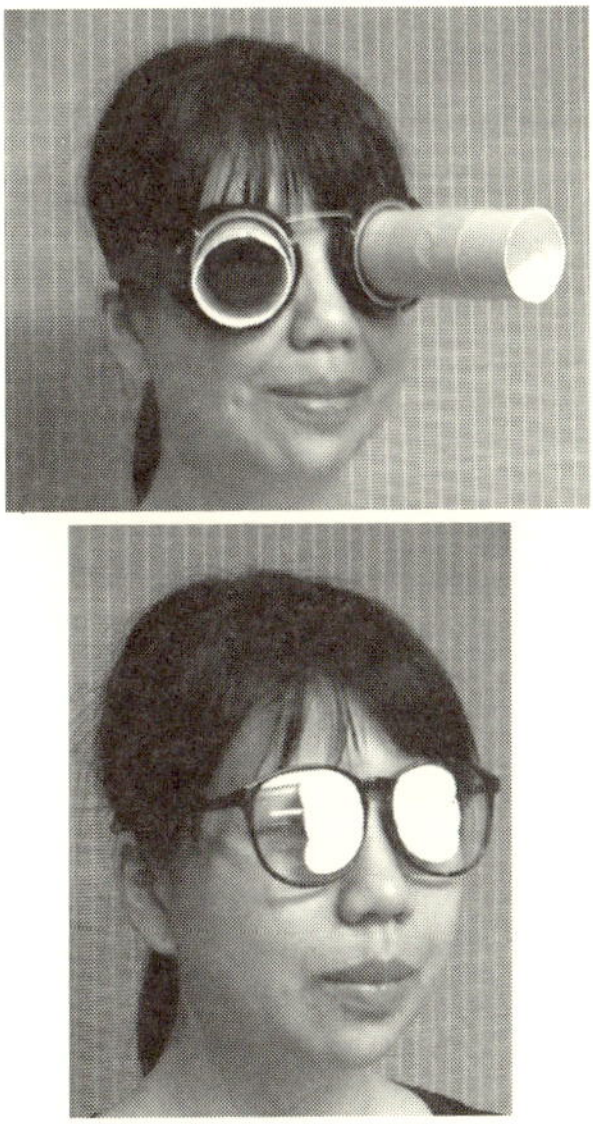

写真16　製品版プロトタイプのマッハゴーグル（上）とトイレロールを用いない改良版マッハゴーグル（下）

当然のことながら、僕はこのマッハゴーグルを毎日かけて悦に入っていた。すると、不思議なことに、マッハゴーグルを外してからもふと気がつくと、両眼の視野の中心部が互いに重なっていないようにぼんやりと前方を見ていることが多くなっていた。そして、そのときの僕自身の頭の中の感覚が、「愛の合気原理」による「合気」を用いたときのように、後頭部から頭頂部にかけて何かがサワサワと蠢《うごめ》くような状態に近いものだった。つまり、「合気」を操るときの内面状態がマッハゴーグルを装着しているときだけでなく、マッハゴーグルを外した後にも持続することになる。なるほど、これならマッハゴーグルを装着するということが、「合気」を修得する技法にもなり得る！

それだけでは、ない。マッハゴーグルを装着するということ自体、自分自身を「マッハの自画像」に暗示的に描かれていた「神の覗き穴」からこの世界を垣間見ている「存在」に引き戻してくれるのだが、装着の効果は一義的には単に両眼視野を左右完全に分離してしまうということにあることは明らかだった。ということは、もし何らかの工夫で両眼視野を分離してしまうことができるならば、何もこのマッハゴーグルに頼らなくても「マッハの合気原理」による「合気」の効果を発動させることができるのではないか！

八月二十一日に予定されていた東京本部道場での稽古に出向く新幹線の中、「マッハゴーグル」の効果が表面的には「両眼視野分離」にあると気づいた僕は、その日の稽古では「両眼視野分離」に徹してみることにした。すぐに判明したのは、標準的な大人として社会生活を無事にこなしている人ほど、両眼の視野を分離することが難しくなっているということだ。逆にいえば、社会適合性のない子どもじみた人はさほどの努力もなしに、すぐに両眼視野を分離することができるようだった。ということで、「左目でロンドンの方向を見て右目で逆のパリの方向を見ている斜視の人のように、両眼視野をできるだけ左右別々の方向に向けて分離すればすぐに合気が使えるようになる」という僕の突拍子もない指示ですぐに合気の効果を引き出してきたのは、確かにそんな雰囲気の人達だったと思える。

写真17　稽古相手の座り方（上）と、稽古のための二人の配置（下）

　しかし、半分程度の人達はまだまだ両眼視野の分離ができていないようだったので、何かより具体的な技法を示す必要があった。岡山本部道場の十倍もの人達が集まっている東京本部道場では、全員にトイレットペーパーの芯を配ることもできない。困った僕が自分の両手を見つめていたとき、面白い打開策に気づくことができた。それは、広島県の山奥で隠遁生活をなさっていたカトリック神父様から教わった「愛の結界」の技法の本質を流用するというもの。互いに胡座《あぐら》をかいて座り、お互いの膝を握り拳一つ程度離して対面している稽古相手には、両手を肩幅で左右に開いて胸の前で掌をこちらに向けてもらう。同じく胡座で座っているこちらは、やはり両手の掌を相手に向けて相手の掌に合わせておく（写真17）。

　このとき、こちらが精一杯両手で相手の両手を押してみたところで、必死で抵抗する相手を後ろに押し倒すことはできない（写真18）。その事実を確認した後、僕は両手を押す側の人に、まず両手を押す前に必ずあることをしてみるようにと指示した。それは、相手の左掌に当てている自分の右手の甲を右目で見る、そして相手の右掌に当てている自分の左手の甲を左目で見るということだ。それがうまくできたと思ったなら、そのまま軽く自分の両腕を前に伸ばしてみる。ただ、それだけのこと。すると、どうだ。必死で抵抗している相手が、いとも簡単に後ろに倒されてしまう（写真19）。そう、「両眼視野分離」がうまくできたために、「マッハの合気原理」による「合気」の効果が現れたのだ。

写真 18　互いに胡座をかいて座った状態で対面する相手を両手で押しても相手を後ろに倒すことはできない

五　合気二刀剣の真意

これで、ほぼ全員が「両眼視野分離」を完成させることができたのだが、まだ数人ほどうまく分離できない人がいた。そこで純粋に両眼の視野を左右に分ける、つまり両目の焦点をそれぞれ左右違うところに当てる練

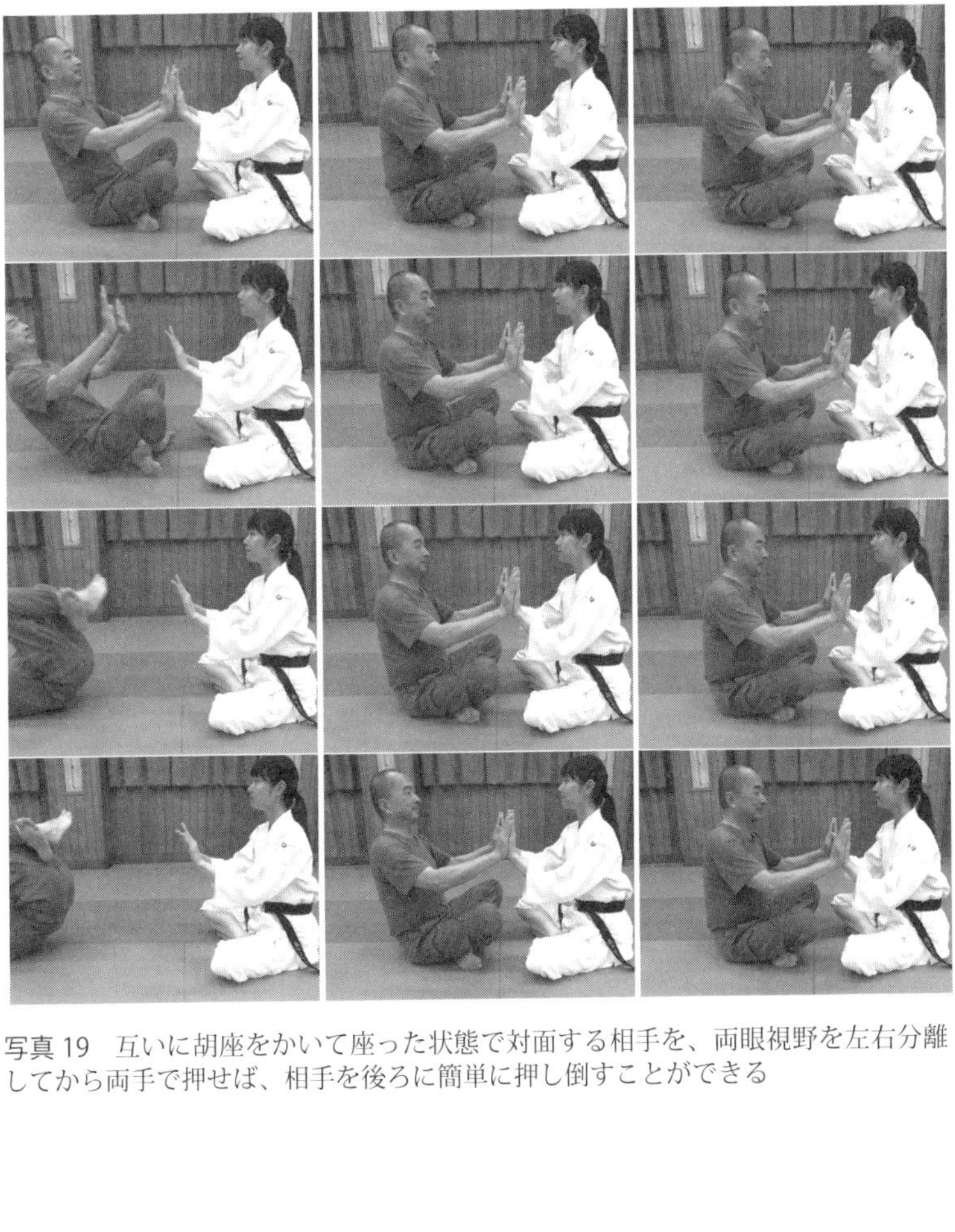

写真19　互いに胡座をかいて座った状態で対面する相手を、両眼視野を左右分離してから両手で押せば、相手を後ろに簡単に押し倒すことができる

写真20　稽古相手の座り方と両手で作ったＯＫサイン

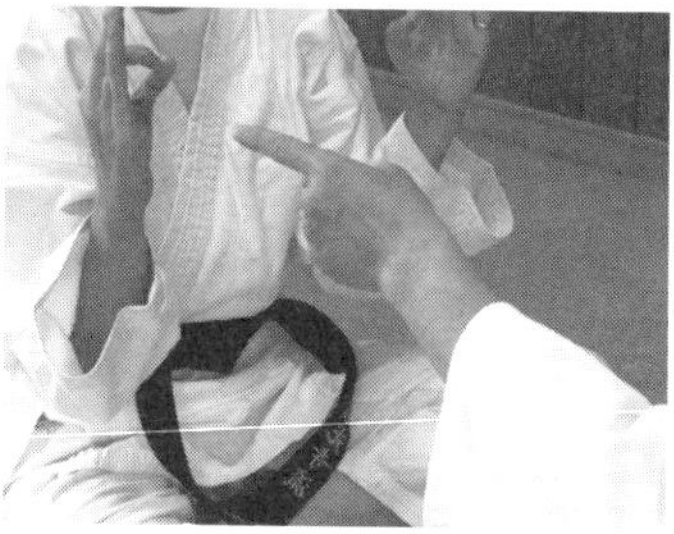

写真21　稽古相手に向かって両手の人差し指だけを伸ばして他の指は握っておく

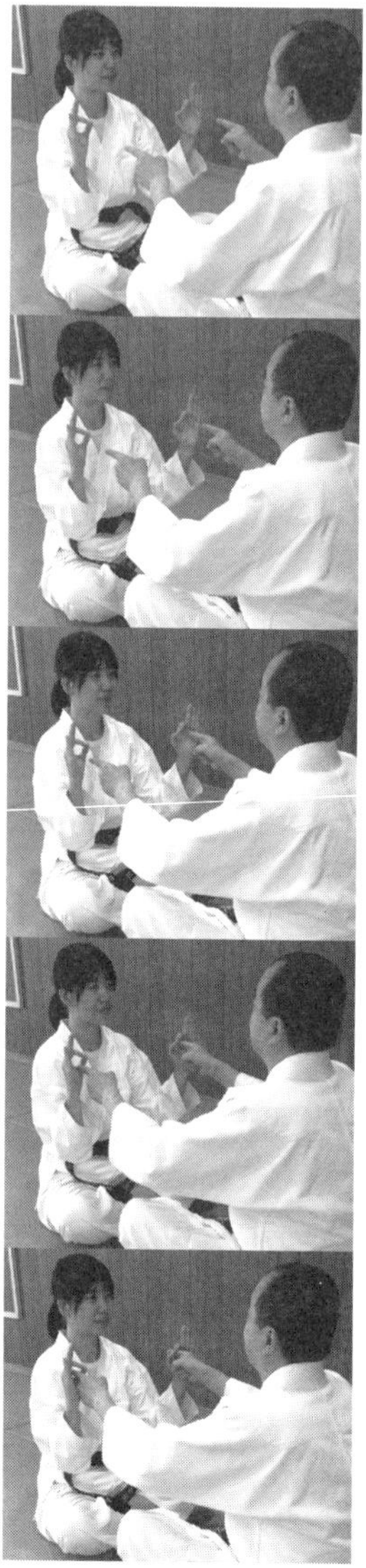

写真22　稽古相手が両手で作ったＯＫリングの中央にこちらの両手の人差し指を同時に入れ込むことができるのは、こちらの右目で右人差し指を見ると同時に左目で左人差し指を見ることができたときに限る

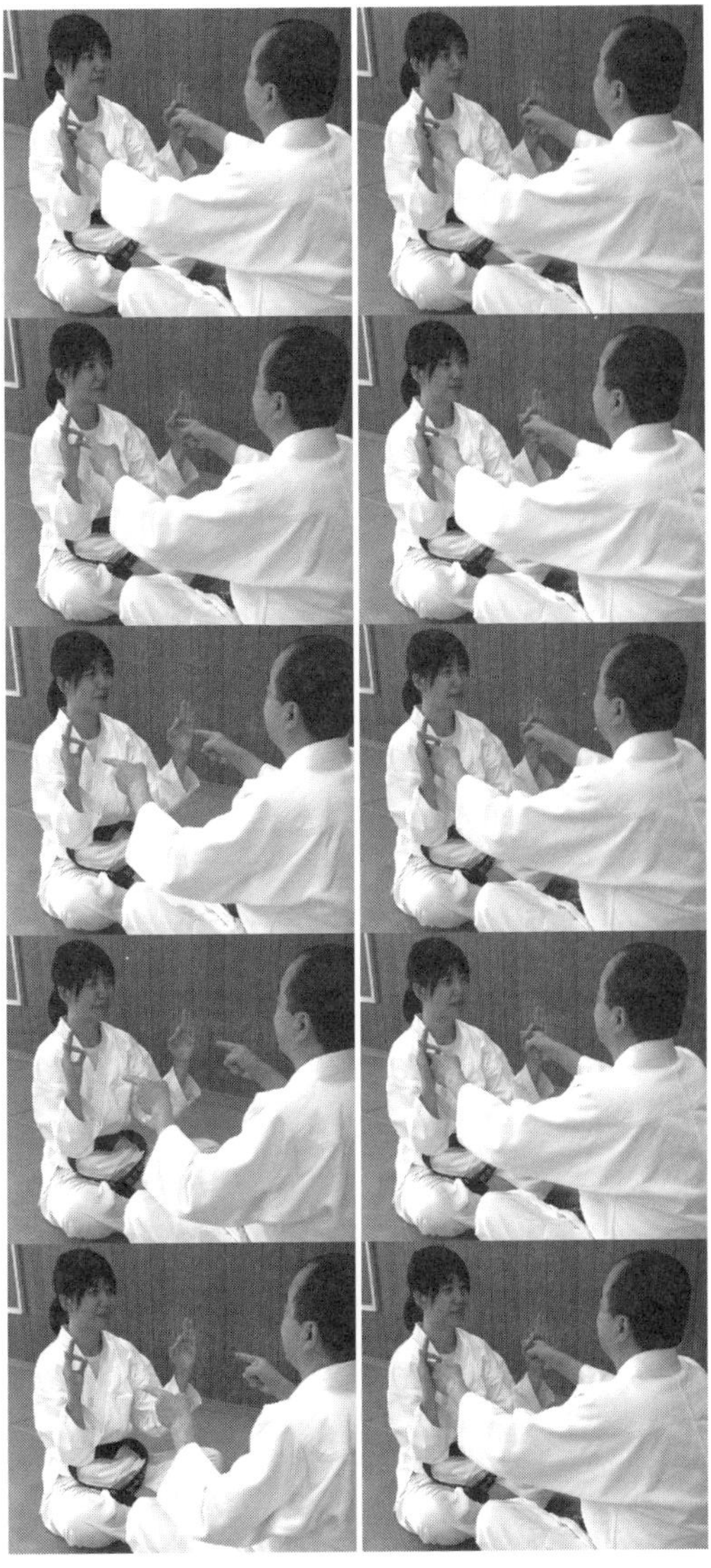

習を課すことにした。頭を捻ってみたところで、都合よくうまいアイディアが出てくるわけもなかったのだが、その場で僕の口を衝いて出てきたのは胡座をかいて座っている稽古相手に胸の前に肩幅に開いている両手で、そのままOKサインを作ってもらうことだった。つまりは、両手の親指と人差し指をリング状にするのだ（写真20）。その上で、こちらは同じく胡座をかいた状態で両手の人差し指だけを前に伸ばして他の指は握っておく（写真21）。

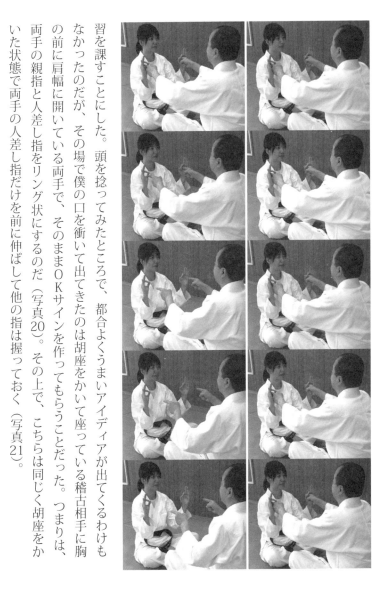

これで、準備は整った。後は稽古相手の両手先に作ってもらった親指と人差し指のリング中央に、こちらの両手の人差し指を左右同時に差し込むのだ。実際にやってみればすぐにわかるが、左右同時に差し込むのは簡単ではない。必ずといっていいほど、こちらの左右どちらかの人差し指の先が相手の指や手に先に触れてしまうことになる。そう、左右の視野を連動させている普通の状態では両目は絶えず左右同時に同じところに焦点を合わせ、その焦点を小刻みに左右に動かしているため、左右の人差し指の先を「同時」に「見る」ことはできない。そのため、どちらか一方の指先しか正確な位置を把握できないため、他方の指先の制御がうまくいかなくて相手の親指と人差し指のリング中央に差し込むことができないのだ。

この事実を確認した後、今度は自分の右手の人差し指の先を右目で見ると同時に、左手の人差し指の先を左目で見る努力を続けてもらう。そして、うまく右目で右人差し指の先を見ながら左目で左人差し指の先を見ることができたならば、そのまま右目で右人差し指を、左目で左人差し指を見続けたままで左右の腕を前方にゆっくりと伸ばし、相手の両手の人差し指と親指で作っている左右のOKリングの中央に人差し指を入れ込んでみる。今度は相手の親指や人差し指に触れることなく二本の人差し指を左右同時に相手の指リングに入れ込むことができるはず（写真22）。何度やってもうまくできるようになったなら、今度は稽古相手に頼んで左右のOKリングの位置を上下左右適当に移動してもらってから（写真23）、再度両手の人差し指の先を左右同時にそのＯＫリングに入れ込んでみる。これもうまくできるようになっていれば、左右の視野が完全に分離されていると考えてよい。

少しの間このような単純な訓練を続けてもらったのだが、これによって全員が「両眼視野分離」を完成させることができ、その結果全員が「マッハの合気原理」による「合気」を「マッ

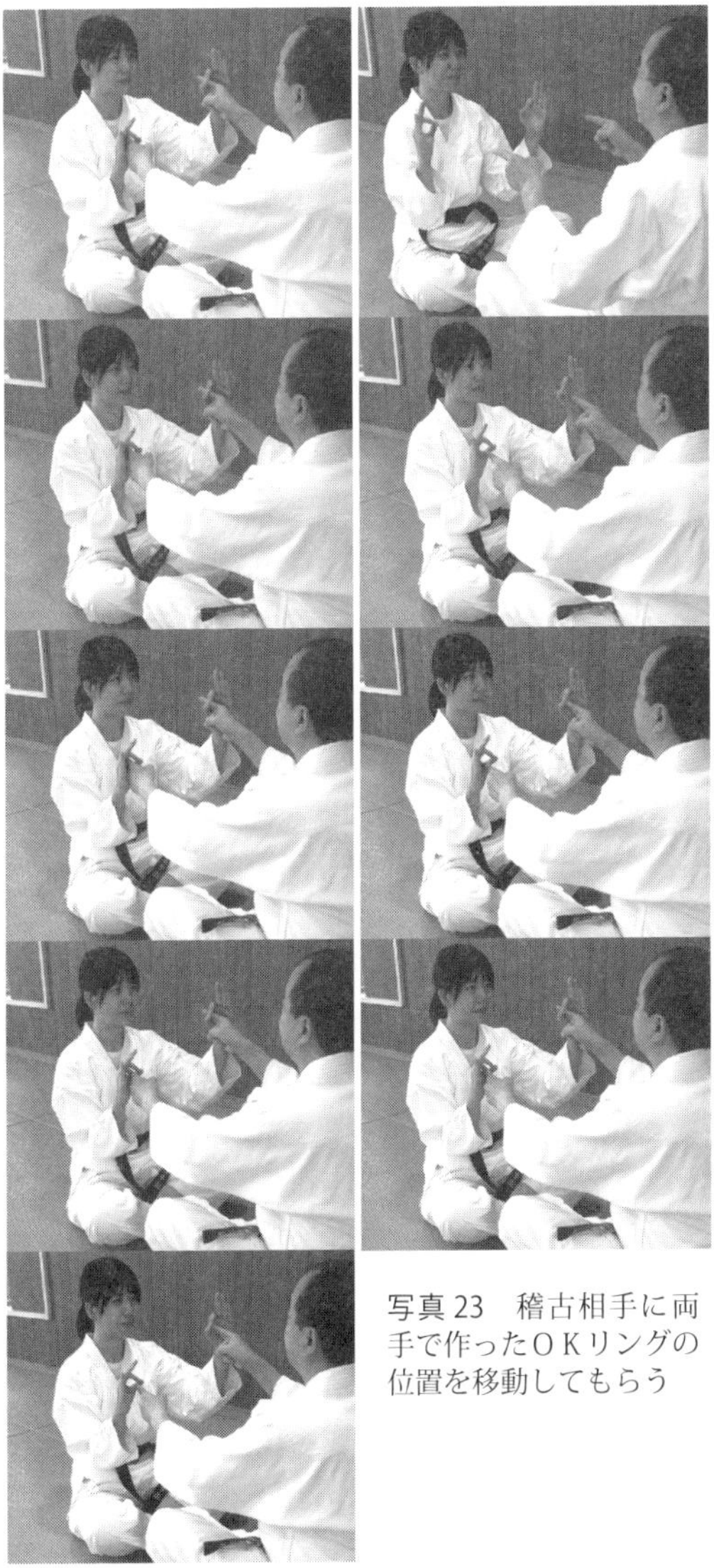

写真23　稽古相手に両手で作ったＯＫリングの位置を移動してもらう

ハゴーグル」をいっさい装着しないで操ることができるようになった。しかも、この訓練によって容易に「両眼視野分離」の状態を意図的に誘導することができ、その結果として「合気」を修得することができるという僕のアイディアの正しさを裏付ける秘伝の事実が存在していたことを思い出すこともできたのだ。

それは、安倍晴明に始まる陰陽師が使っていた神秘的な武術から派生し、合気道開祖の植芝盛平翁も学んだ「大東流合気武術」において、「合気」を修得するためには必ずマスターしなければならないと伝えられてきた技法に、「合気二刀剣」と呼ばれる秘伝があったということ。既に「合気二刀剣」の真伝は霧散し、現在ではその詳細を正しく伝え残している流派は皆無とまで囁かれていただけでなく、それを宮本武蔵の興した二刀流剣術「二天一流」における剣術技法の如き二本の剣を巧みに操る剣法であるかのように吹聴する者までいると聞く。だが、「大東流合気武術」の門を叩いた僕が知る限り、「合気二刀剣」はここでご紹介した「両眼視野分離」のための単純な訓練技法の延長線上にあるものでしかない。

こうして「両眼視野分離」をいつでも自由に実現できるようになったなら、「マッハの合気原理」による「合気」を自在に操ることで、常識的にはあり得ないと思えるような不思議な技で優位な態勢にある相手を投げ倒すことが可能になる。こうして二〇一六年八月二十一日にあった東京本部道場での稽古で、若い女性門人に「両眼視野分離」の技法を伝えた直後、マウントポジションで両肩を強く押さえ込んでいる僕の身体を投げ倒す「マウント返し」の技をやってみるように依頼した。

このマウントポジションというのは、総合格闘技や柔術で圧倒的な優勢勝ちをおさめるための必殺技と目されている押さえ込みの技で、仰向けに倒れている相手の腰の辺りに馬乗りになるかのように跨《またが》った上で、相手の顔面を両手で突いたり、あるいは相手の両腕や両肩を両手で押さえ込んでおいて相手の顔面に頭突きを見舞うというもの。マウントポジションで押さえ込まれている側からすると、本当の馬乗りのように相手がお尻をこちらの腰やお腹に完全に乗せ

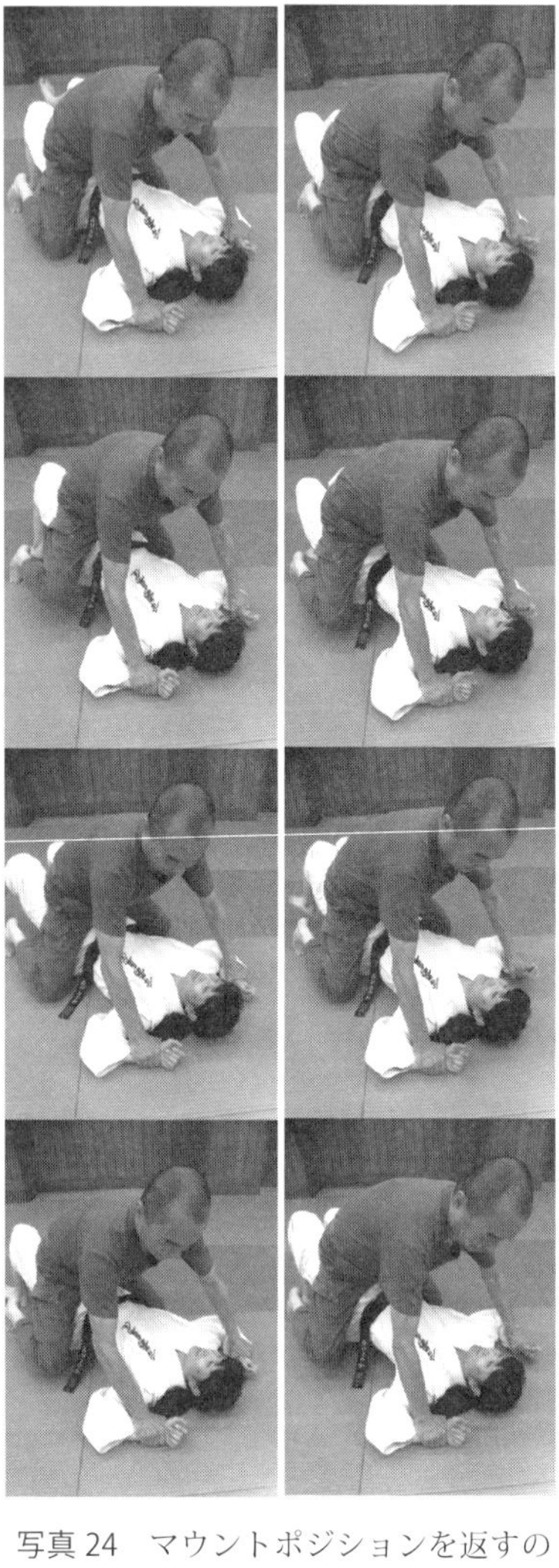

写真24　マウントポジションを返すのは非常に難しい

ているのではなく、お尻は疾走中の騎手のように常に浮かしているため、いくら両足や腰を激しく揺さぶってみても相手の身体はまったく崩れず、どうやっても「マウント返し」を実現することはできない（写真24）。

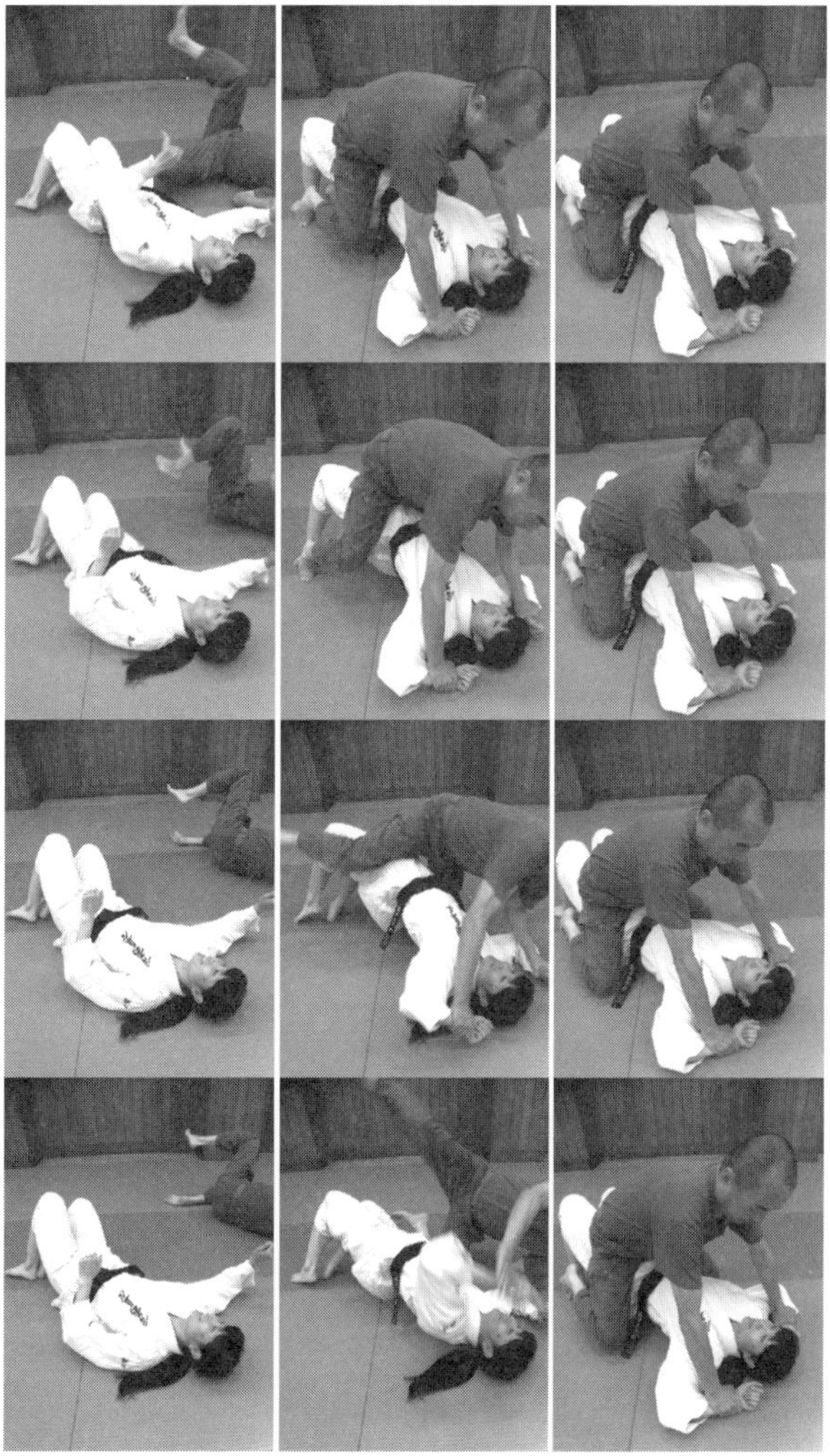

写真25　両眼視野を分離すれば、マウントポジションを返すのは簡単にできる

だが、普通は相手をしとめるための最終技と考えられているマウントポジションで完全に押さえ込まれている状態からでも、「両眼視野分離」の状態を自分で再現することによって「マッハの合気原理」による「合気」の効果を誘導することで、誰もが簡単に「マウント返し」によって押さえ込んでいる相手を一挙に跳ね飛ばしてしまうことができる（写真25）。

六　カウンセリング

こうして誰もが苦もなく簡単に合気を修得することができる、まさに「万人のための合気原理」とも呼ばれるべき「マッハの合気原理」に基づく合気修得技法である「マッハゴーグル装着法」が生み出された。それを最初に思いついた二〇一六年八月十三日の稽古では、大山の麓で隠遁生活を送っている門人が、トイレットペーパーの芯を左右それぞれの目の前に双眼鏡のように当てて悦に入り、興味深いことを口走ってくれた。「これは合気修得などという一部武道マニアのためだけでなく、悟りを開こうと努力している多くの宗教家や思想家あるいは私のような世捨て人のためにこそある道具ではないでしょうか！　これさえあれば、誰でもいつでも簡単に悟りを開くことができる気がします！」

なるほど、世の中広しといえども「合気」を修得する目的で日夜稽古に励んでいる武道家の数などほんのわずかに違いないが、「悟り」を開こうと断食や瞑想などに明け暮れる修行者の数は古今東西を問わず決して少なくはないはず。それに、そもそもこの「マッハゴーグル」というのは、元を正せば当代一流の物理学者だったオーストリアのエルンスト・マッハが描き遺した「首のない自画像」の構図を再現し、装着する人の眼前に「神の覗き穴」を生み出す働きを持っているのだ。当然ながら、その「マッハゴーグル」を装着することで発生する「神の覗き穴」からこの世の中を覗き見ているのはもはや「自分自身」ではなく、その秘奥に位置するところにある「神」そのものとなる。つまり、「マッハゴーグル」を装着するだけで、それまでの「人間の視野」で見ていたものが「神の視野」で見たものに変わるのだ。それこそが、人々が追い求める「悟りの境地」に他ならないのではないだろうか。

つまり、「マッハゴーグル」は「合気」を修得するためだけでなく、「悟り」を開くためにも大いに役立つはず！

そう気づいた僕は、旧知の小学校の先生ご夫妻で、心に問題を抱えている子ども達のケアをなさっているお二人に電話で教えを請うことにした。それは、普通の人が「マッハゴーグル」を装着するだけで「合気」を簡単に修得して達人になることができるのであれば、ひょっとすると何らかの精神疾患を持っている人が「マッハゴーグル」を装着することで、普通の状態に戻る効果があるのではないかと思えたからだ。第一章で解説した「マッハゴーグル」の作り方をお二人に伝えた後、発達障害や自閉症と診断された子ども達にマッハゴーグルを装着した上で、いつものカウンセリング治療をやってもらえないかと依頼すると、興味深げに聞いてくれていたお二人は快く引き受けて下さった。

これがうまくいけば、「マッハゴーグル」は「合気修得」や「悟り開眼」のみならず、一部の精神疾患についての「治療」にまで役立つことになる！　当然ながら期待は大きく膨らんでいたのだが、数日後の八月二十日にあった岡山本部道場での稽古のとき、僕の予想を覆すような情報が新たにもたらされた。極真会館でフルコンタクト空手をやっている剛の者として一目置かれている男性門人が一ヶ月ぶりに稽古に参加したのだが、ちょうどやはり一週間前の稽古に来ていなかった華奢な女性の門人と組んで稽古していたのに気づいた僕は、「マッハゴーグル」の威力を試すにはちょうどよい機会だと思った。何せ、その女性では筋力のみではとうてい倒すことなどできない強力な稽古相手だし、二人とも一週間前の稽古に来ていなかったということは、「マッハゴーグル」のこともその不思議な効果のことについてもまったく知らない。従って、如何なる先入観も持ち合わせてはいないため、精神誘導やプラセボ効果も生じにくいはず。

さっそくその女性に「マッハゴーグル」を装着してもらったところ、ついさっきまで相手を微動だにさせることもできなかったのが、今度は極真で鍛え上げた猛者をそれこそ簡単に倒してしまった。もちろんその女性ご本人が驚いたのはいうまでもないが、それに輪を掛けて驚愕したのは倒された男性門人だった。すぐに自分でも「マッハゴーグル」を装着してみたところ、その効果に目を丸くしていた。ほんの数回だけ「マッハゴーグル」を装着した状態で技を試しただけで、「なるほど、この感覚が生まれればよいのか！」と独白すると同時に「マッハゴーグル」を外してしまう。その上で、夢遊病者のような気味の悪い表情になったと思ったら、「マッハゴーグル」を装着していたときと同じ「合気」の効果を自在に再現してみせたのだ。これには僕も感心した。

他の人達が興味を持って見守る中、誰からともなく「まるで精神疾患や発達障害の人の目つきだ」という声が聞こえてくる。確かに、そのような障害を持つ人は対面する人と目を合わせることはないし、どこを見ているのかわからない表情になっていることが多いと聞く。ということは、そういった状態にある患者さん達は、常に両眼視野が分離しているのかもしれない！そう、少なくとも「マッハの合気原理」による「合気」を「マッハゴーグル」を装着することで修得した者の目つきは、かなり異常な雰囲気を醸し出しているのだ。そういえば、一週間前の東京本部道場での「両眼視野分離」の稽古の後で門人の一人が教えてくれたのだが、昔から武道の達人に共通する「目つき」を「妖眼」と呼んでいたそうだ。

その日の夜、僕は子ども達のカウンセリング治療をなさっている小学校の先生ご夫妻に再び電話をかけた。数時間前にあった岡山での稽古で見出したこと、即ち精神疾患のある人の目つきが「マッハゴーグル」を装着して「合気」を修得した人の目つきと同じに見えるということを説明した上で、発達障害や自閉症の子ども達に「マッハゴーグル」を装着してもらっても、彼ら自身には何の変化も影響もないのではないかという懸念を伝えたのだが、小学校の先生ご夫婦も納得して下さったようだった。会話を続けていくうち、僕の脳裏を不意に逆転の発想がかすめる。最初から「両眼視野分離」の傾向にある精神疾患を抱えた人であれば、左右の視野の重なりをなくす「斜視」型の「マッハゴーグル」ではなく、逆に左右の視野を強制的に重ねてしまう「より眼」型のゴーグルを装着することで疾患が軽減していくのではないか!?

そんな「より眼」型のゴーグルも「マッハゴーグル」と呼ぶことにすれば、もちろん今後の研究の結果によるのではあるが、「マッハゴーグル」は「合気修得」や「悟り開眼」に有効なだけでなく、ひょっとすると一部の精神疾患を改善させる働きが認められるかもしれない。「両眼視野分離」の傾向が脳の左右半球間の連携が阻害されることに起因するのであれば、同時に「吃音《きつおん》」などの言語発声障害も誘発される可能性があるのだが、「より眼」型の「マッハゴーグル」の装着によってそのような言語発声障害も軽減することが期待される。

そんな僕の期待に応えるように、数日後、電話が鳴った。本書の原稿をまだ書き進めていた二〇一六年九月四日に、その小学校の先生ご夫婦から喜びの連絡が入ったのだ。

その日、ある生徒が保護者といっしょに相談に来た。中学校で登校拒否になっているという。彼等は登校拒否児童のカウンセリングセラピーをするとき、児童の心拍数の変化を計測装置で見ながら行うことにしているそうなのだが、その生徒のときにも心拍数を計測していた。当然ながら、交感神経と副交感神経のバランスが大きく崩れていることを示す指標が七〇パーセントを超えていたそうだ。

ところが、その生徒に「斜視」型の「マッハゴーグル」を三分間装着してもらったところ、何もカウンセリングの言葉をかけていないにもかかわらず、バランスの崩れを示す指標が五〇パーセント以下にまで下がったというのだ。興奮気味に先生達が教えて下さったのは、熟練したカウンセラーがどんなにがんばってみてもこれほど下がることはないということ。こうして「マッハゴーグル」の効果に自信を持った先生は、そのまま「マッハゴーグル」を装着したままの生徒に向かってカウンセリングの言葉をかけていったところ、終わった頃には顔色も赤みがさすようになり、笑顔まで見られたそうだ。

そして、驚くべきことに、その「マッハゴーグル」によるカウンセリングの二日後の夏休み明け、五月の連休からずっと登校拒否だったその生徒が学校に行けるようになったという。

七　脳波計測実験

ここまでの段階で、「マッハゴーグル」を装着することによって誰もが簡単に修得することができる「マッハの合気原理」による「合気」の技法が、少なくとも盤石な体勢で構えている相手を崩してしまうことができるという共通の効果を有する点において、「愛の合気原理」による「合気」の技法と同じものだと考えられた。だが、同じ効果があるからといって、それらが同一のものだと見なすのはいささか結論を急ぎすぎているかもしれない。「マッハの合気原理」による「合気」と「愛の合気原理」による「合気」では、ひょっとすると背後に潜むそれらの発現機構が大きく違っている可能性すら、完全には否定できないのだから。

では、どうすればこれら二つの「合気」技法が同じものだと結論づけることができるのだろうか？　それには、ある人が「マッハの合気原理」による「合気」を体現するときの脳波変化と、その同じ人が「愛の合気原理」による「合気」を体現するときの脳波変化が同じであることを見出せばよい。何故なら、そうすることで「マッハの合気原理」による「合気」を操るときのこちらの精神状態と、「愛の合気原理」による「合気」を操るときのこちらの精神状態が同じものだと考えられるからだ。こちらの精神状態も身体的な運動の詳細も同一であり、相手に対する身体的崩し効果も同一であれば、そのとき初めて二つの「合気」は同じものだと結論づけることは自然だろう。

そんなわけで、「マッハの合気原理」による「合気」と「愛の合気原理」による「合気」を発現させているときの僕の脳波を早急に計測する必要が出てきた。実は、「愛の合気原理」による「合気」については、それを操っているときの僕自身の脳波を計測してもらったことがあるだけでなく、fMRIや光トポグラフィーなどの最先端計測機を用いて脳活性断層写真を撮影してもらったこともある。そのときに見出された興味深い事実については、拙著『脳と刀――精神物理学から見た剣術極意と合気――』（海鳴社）でご報告したとおり。そして、好都合なことにそのときに僕の脳波を測定してくれた当時の女子大生が、今は関西学院大学工学部の大学院で感性工学を研究しているのだった。

早速に依頼してみると、二つ返事で引き受けてくれるとのこと。おまけに、以前からfMRIや光トポグラフィーによる「愛の合気原理」による「合気」のメカニズム解明のための脳活性計測実験を主導してくれていた、スポーツ運動科学の学者でもある神主の八頭芳夫さんも、東京から三田の関西学院大学まで手伝いにきてくれることになった。こうして「マッハゴーグル」のアイディアが閃《ひらめ》いてからわずか三週間足らずの九月一日の午後、「マッハの合気原理」

による「合気」と「愛の合気原理」による「合気」を発現させているときの脳波を計測することができたのだ（写真26）。

その実験結果で判明したのは、日常的な通常の精神的内面状態にあるときの脳波分布（折れ線グラフ）を基準にしてみると（図3）、「愛の合気原理」による「合気」を発動させているときの脳波分布は周波数の小さいアルファ波とシータ波が優位となり、いわゆる瞑想状態でリラックスしているときの脳活動に近い状態であることがわかる（図4）。

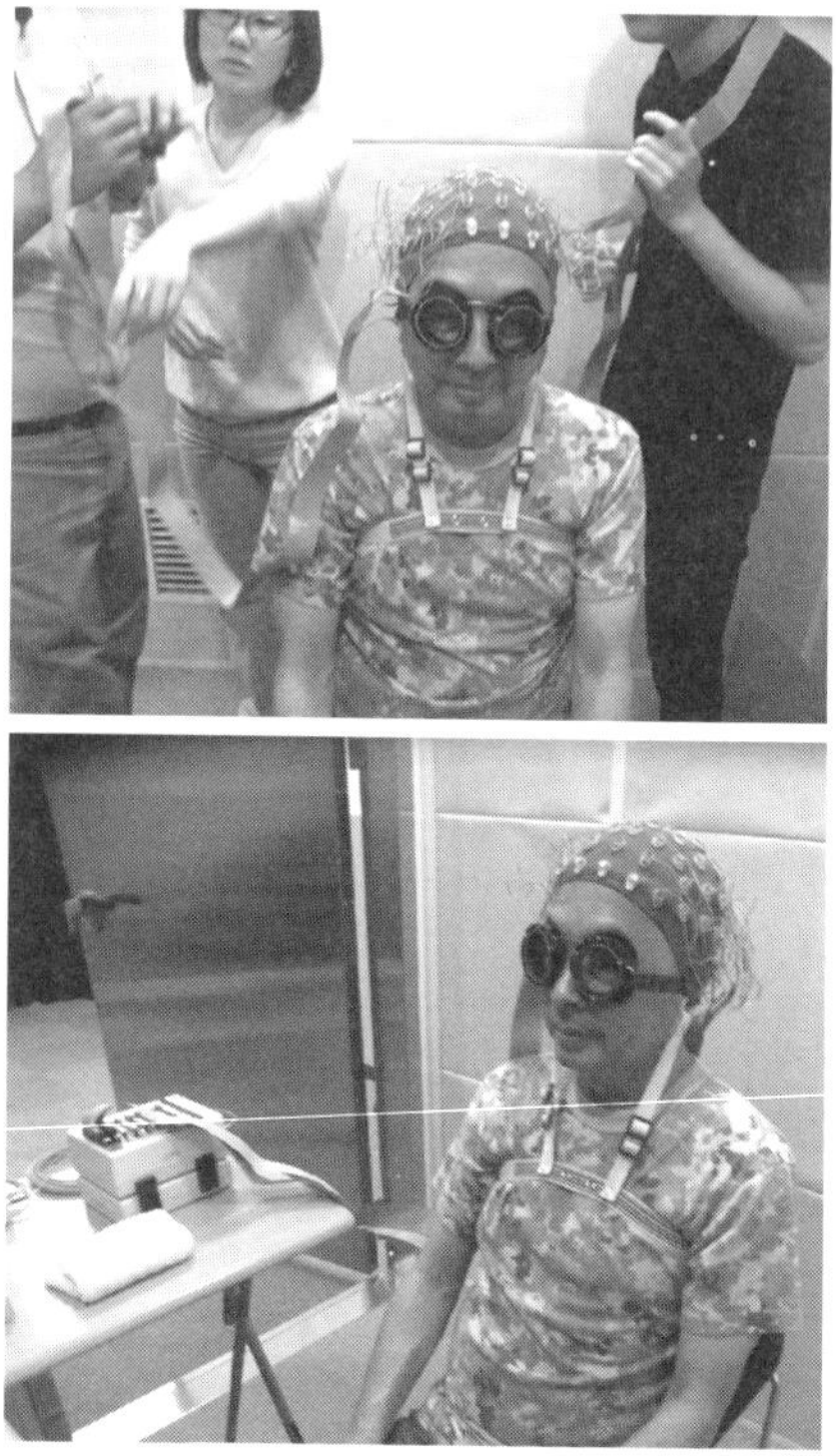

写真26　脳波計測実験の様子（上）と頭皮に取り付けた電極網（下）

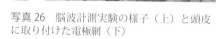

次に、「マッハゴーグル」を装着して「マッハの合気原理」による「合気」を発動させているときの脳波分布だが、これも「愛の合気原理」による「合気」を発動させているときの脳波分布と同じく、アルファ波とシータ波が優位となっていることがわかる(図5)。さらには、「マッハゴーグルを外した3分後の脳波分布もまた同様の傾向を保持していることから、「マッハゴーグル」を装着することによる「合気」誘導効果が装着を止めてからも持続していることがわか

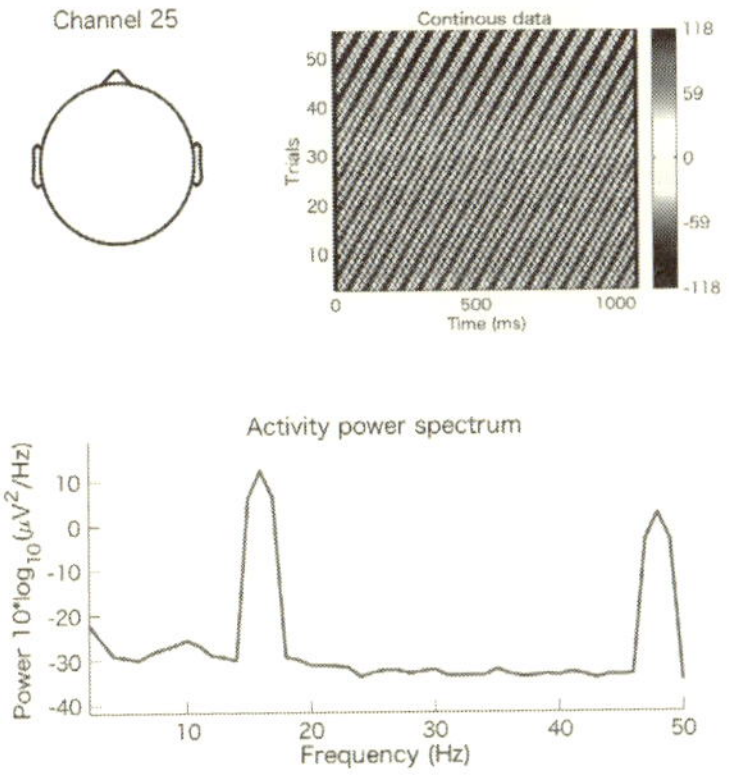

図3　「合気」を発動させていないときの基準脳波分布

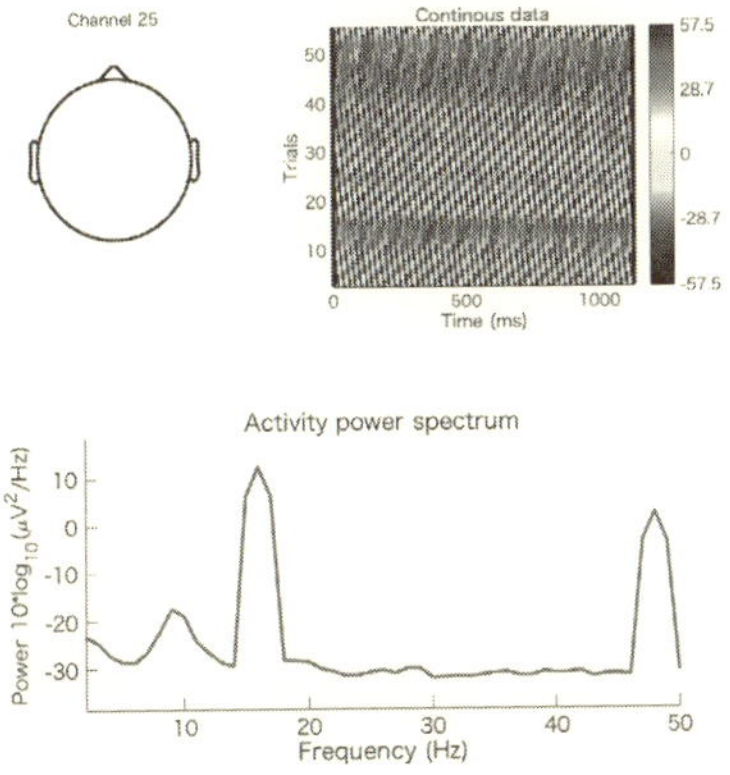

図4　「愛の合気原理」による「合気」を発動させているときの脳波分布

る（図6）。

　こうして最終的にわかったことは、「マッハの合気原理」による「合気」を発動させるときと、「愛の合気原理」による「合気」を発動させるときの精神的内面の状態は、脳波分布の傾向から見て同じ状態だと考えられるということだ。つまり、精神的内面状態も身体的な運動の詳細も同じであり、相手に対する身体的崩し効果も同じであり、よってこれら二つの異なる「合気原理」に基づく「合気」は同じものだと結論づけられることになるのではないだろうか。

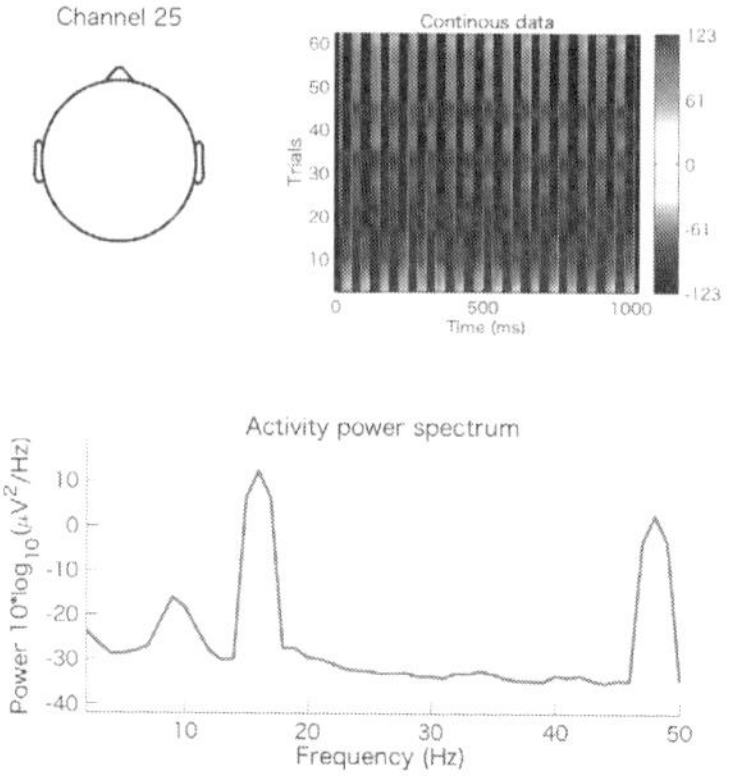

図5　「マッハゴーグル」を装着して「マッハの合気原理」による「合気」を発動させているときの脳波分布

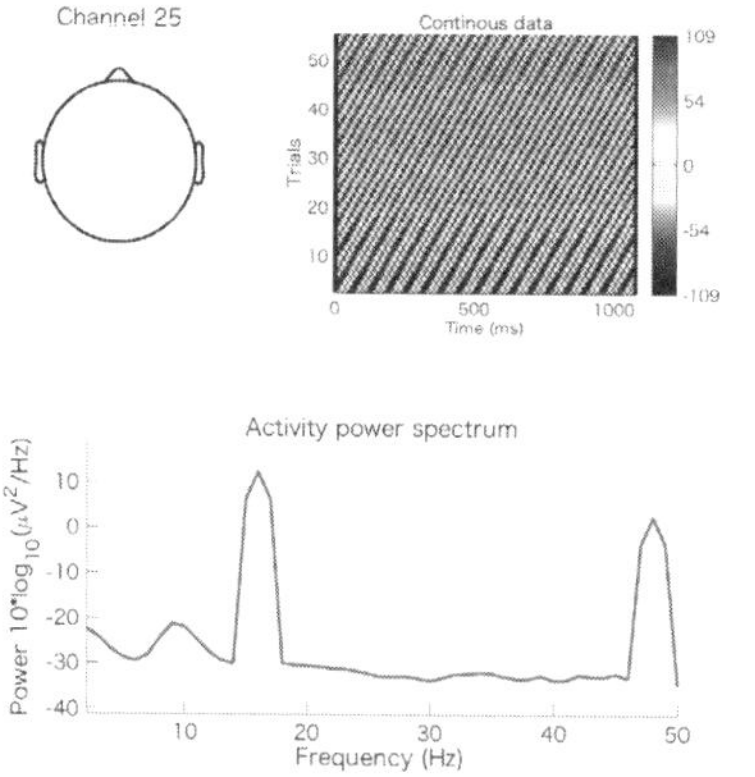

図6　「マッハゴーグル」を装着して「マッハの合気原理」による「合気」を発動させた後、「マッハゴーグル」を外してから3分後の脳波分布

第三章　万人のための合気の原理・解説編

こうして、物理学者エルンスト・マッハが描き遺した「首のない自画像」に端を発した「万人のための合気の原理」、つまり「マッハゴーグル」を装着して「両眼視野分離」の状態にすることにより、合気道の開祖・植芝盛平翁が生きとし生けるものすべてを愛することで発現させた「合気」を、誰もがいつでも簡単に操ることができるという、驚くべき事実が明らかとなった。本書を緊急出版する目的は、この事実を「合気」を追い求めて日々研鑽《けんさん》を積んでいる有意の合気道家の皆さんに速やかにお伝えすることにより、できるだけ多くの方々に「合気」を修得していただくことにある。そうすることで、合気道の門を叩いたのはいいが、どう見ても相手からわざと倒れてくれなければ効かないような技ばかりの稽古を何年も続けるという精神的苦行が嫌で、消化不良のまま門を離れるという（かつての僕自身のような）自分に正直すぎる人が二度と現れないことを願う。

前二章において、「マッハゴーグル」を装着することで「マッハの合気原理」による「合気」を誰もが簡単に身につけることをお伝えし、さらにその「マッハの合気原理」という「万人のための合気原理」に思い至った経緯を詳説してきた。従って、できるだけ多くの合気道家の皆さんに「マッハの合気原理」による「合気」を修得していただくという本書の目的のためには、ここで筆を置いても問題はない。「合気」を自在に操ることができるようにするということのみを目指すなら、それこそ第一章を読んでいただくだけでよいのだから。だが、単に「合気修得」ができればよいというのでは、たとえ「合気」の技を自在に操ることができたとしても合気道の開祖・植芝盛平翁のような神人合一の高みには、いつまで経っても昇ることはできない。「合気」についての深い理解がなければ、「合気修得」の先にある「宇宙森羅万象を我が身とする境地」にはとうてい到達することはできないからだ。

すべての合気道家が目標とすべきは、単なる「合気修得」などではなく、開祖・植芝盛平翁が晩年にお示しになった「合気は愛じゃ」というお言葉の真意を汲み取るということではないだろうか。そこで、この第三章においては「万人のための合気原理」と目される「マッハの合気原理」という、「愛による合気原理」そのものよりも現実的理解につながりやすい「合気」の指導原理を様々な角度から解説することで、合気道の中心原理である「合気」の本質に迫りたい。これによって、開祖・盛平翁が遺して下さった「合気道」の真の姿に、すべての合気道家が開眼されんことを心より願う。

一　両眼視野分離と合気

ここまで本書において公開した「マッハの合気原理」の発端は、オーストリアの物理学者エルンスト・マッハが描き遺した「首のない自画像」として、知る人ぞ知る「マッハの自画像」だった。そこにあからさまに描かれた「自分」は左目の視野に映る自分の両足、お腹、胸、両手、左肩、鼻筋、髭の一部といった、いわば「自分の身体」の一部のみであり、その他にあるのは「自分」がいる室内の景色や窓の外に広がる風景のみ。そんな絵を見て、それを誰かの自画像だと納得できる人は決して多くはないだろう。何故なら、そこに描かれているのはあくまで「自分」から見た「身体」だけであり、そのどこにも「自分自身」は描かれていないからだ。

いや、待ってくれ。鏡や写真に映ったような全身を描いた、誰もが納得する自画像ならば「自分自身」が描かれているといえるのだろうか？　否。そんな常識的な自画像に描かれているのは、あくまで「自分の身体」の表面に過ぎない。我々が「自分自身」だと確信している部分は、そんな表面的なところではないし、むろん顔や頭でもない。どちらかというと、自分の存在の中心の奥底に潜む何か……といったものだと感じているのが「自分自身」ではないだろうか。

強いていえば、今このとき自分の「眼」からこの世界の中を覗き見ている何か得体の知れないもの、それこそが「自分自身」であり、絵画や写真やビデオ映像などでは絶対に描き表すことができないもの。それが誰もが「自分自身」というものに抱いている素朴なイメージに他ならない。

そう、よくある自画像などでは「自分自身」を描き出すことなど、絶対に不可能なのだ。そしてまた、アインシュタインにまで強い影響を与えた当代一流の物理学者であり、哲学者、思想家でもあったマッハだからこそ、通常の自画像では絶対に描くことのできない「自分自身」というものに切り込んでいき、描けるものだけを描きながら、その描けないものに肉薄することができた傑作の自画像を遺すことに成功したに違いない。「首のない自画像」には、「自分自身」が陰に描かれていると思わせる力があるのだから。

では、マッハが遺した「首のない自画像」に陰に描かれた「自分自身」とは、いったい如何なる存在なのだろうか？「マッハの自画像」の構図を見ると、それが左の眼の視野であることに気づく。左右両眼から見た視野のほうが両足や胴体や両手をさらに完全に描き出すことができたはずなのだが、マッハはあえて両眼視野ではなく左眼視野のみを用いたのだ。つまり、左右両眼それぞれの視野を統合するのではなく、むしろ分離することによって真理に迫っていくことができると気づいていたのかもしれない。

ここで、合気道開祖・植芝盛平翁の表情を見てみよう（写真27）。遙か遠くを見通すかのような目つきの中に万物への慈愛が滲んでいるのは確かだが、ただその焦点はどこにも合っていないように感じられる。剣道の居合では「遠山の目付け」といって、遙か彼方の山の峰々を眺めるかのような目をしていなくては上達しないとされるが、盛平翁の目はなるほど「遠山の目付け」になっている。表情からそれを見取ることができるのは、日常の身近なところを注視しているときの少し「寄り目」になっている左右の目を基準にすると、遠方の景色を眺めている目はいささか左右に開き気味のいわゆる「斜視」になっているように映ってしまうからだ。これは左右の両眼視野の統合が阻害されていることを物語っているかもしれない。

写真27　合気道開祖・植芝盛平翁（山本光輝師範のご厚意により掲載）

合気道の開祖である植芝盛平翁の目つきがこのような印象を与えるものとなっていることから、「合気」を修得するための必要条件が両眼視野を分離することにあると結論づけるのはいささか稚拙に過ぎるかもしれない。だが、植芝盛平翁が合気道を興す前に修行した「大東流合気武術」においては、その奥義である「合気」

は流派の秘伝「合気二刀剣」を操ることができる者にしか修得することはできないといわれてきた。大東流の門にあっても、ほとんどの道場では「合気二刀剣」の極意は失伝してしまい、その名称から剣豪・宮本武蔵の興した剣術「二天一流」と同様に二本の剣を同時に用いる二刀流の剣法であると誤解されているようだ。

だが、少なくとも大東流合気武術宗範・佐川幸義先生門人の末席を汚す僕自身が知る範囲では、「合気二刀剣」の秘技は二本の刀を左右の手で持って相手を斬り倒す剣法技法そのものではなく、室内において人知れず一人で行う鍛錬技法でしかない。そして、その極めて奇異に映る鍛錬の真の目的は、刀剣操法のための身体動作修練などではなく、「龍眼」を得るため、即ち「両眼視野分離」の状態を体現できるようにすることにあった。いわゆる「蛇に睨まれた蛙」の喩えにある、蛇の目つきができるようになるための修練に他ならない。そう、蛇が蛙を睨んで逃げられなくするときの目つきこそが、合気の達人として無敵の武道家となるための必要条件だと、その昔から極意として伝えられていたのだ。

北海道で大東流合気武術中興の祖といわれる武田惣角に師事した植芝盛平翁だったからこそ、大東流秘伝の「合気二刀剣」の極意を授かり「両眼視野分離」の「龍眼」を身につけ、大東流の奥義である「合気」を修得した上で自身の武術流派である「合気道」を興すことができた。そんな事実を裏付けているのが、盛平翁の表情に強く印象づけられている「遠山の目付け」

ではないだろうか。

合気道の開祖である植芝盛平翁だけでなく、少林寺拳法の開祖・宗道臣もまた「両眼視野分離」の技法によって「合気」を修得していたと考えられる。それは、少林寺拳法の初期の直弟子達の多くが「八方目」と称して、両目を正面に向けたまま、左右の耳辺りまでを見渡せるようになる修練を課せられていた事実からも推測することができる。宗道臣開祖もまた、少林寺拳法を興す前に大東流合気武術から派生した八光流柔術を修行していたと聞くが、そうであれば「合気二刀剣」の秘伝を授かった上で、少林寺拳法の弟子筋にはその代わりに「八方目」を修練の基本に置くよう指導したのではないだろうか。

そしてまた、剣豪として名高い宮本武蔵が描き遺した自画像を見ても、やはりその眼は「龍眼」のように幾分両側に開いている印象を与える。これは、宮本武蔵が書き遺した兵法秘伝書である『五輪書』に「兵法の目付け」という項目があり、そこに「眼の付け様は、大きに広く付けるなり。観見の二つあり、観の目強く、見の目弱く、遠きところを近く見、近きところを遠く見ること、兵法の専らなり」と記されていることに呼応する。また、その続きには「敵の太刀を知り、いささかも敵の太刀を見ずということ、兵法の大事なり。工夫あるべし。この目付け、小さき兵法にも、大なる兵法にも同じことなり。目の玉動かずして、両脇を見ること肝要なり」ともある。

つまり、剣の道を究めた剣豪もまた、「遠山の目付け」や「龍眼」で表現される如き「両眼視野分離」を常態化させていたからこそ、無敵の境地に至ることができていたと考えられるのだ。単にそれを「合気」などという言葉で表していなかっただけで……。そして、そのような不可思議極まりない強さを示した武術家や僧兵の表情を表す言葉に「妖眼」があるが、これは、まさしく妖怪変化の類が見せる「目の玉を動かさずに両脇を見る」という目つきをうまく表現している。

二　両眼視野分離と変性意識状態

日本武道の奥義とも目される「合気」を操ることができるための必要条件と考えられる「両眼視野分離」の技法は、合気道や武道以外の分野においても基本的な前提条件となっているようだ。一般の人にも比較的よく知られたものでは、バスケットボールの選手達が試合で用いている視覚技法がある。通常の両眼視野を融合させた視野では、コートの中での相手チーム選手全員の素早い動きや、味方チーム選手達の連携動作を追うことと同時に、スピードのあるボールの行き先を見て取ることはできない。焦点を合わせた対象のみを追尾する日常的な視覚認識では、バスケットボールの試合に勝つことはできないと悟った一流選手達が用いているのが、左目ではできるだけ左側を見るし右目ではできるだけ右側を見るという「両眼視野分離」の技法だ。そうして得られる広い視野にはコートの中の広範囲の様子が映り込み、今この瞬間のみならず、今後のボールの行方や相手方選手全員の動きまでをも無意識のうちに予測して対処することができるという。

そんな「両眼視野分離」の状態でコートの中を走り回っているうちに、いわゆる「ゾーンに入る」と称せられる不思議な体験をするプロバスケットボールの選手も少なくない。そこでは、すべての出来事が互いに調和して生じていく様を、当事者ではない超越した存在の視点からすべてをスローモーションで眺めているかのような感覚に陥り、これからどこにボールが飛んでくるかや、相手チームの選手達がどのような動きに出てくるかを、完璧に見定めることができているかのような動作を、自然とすることができる。その結果、気がつくと相手チームの鉄壁なディフェンスを見事に破って、あり得ないようなパスをつなぎながら得点してしまっているのだ。

むろん、バスケットボールの選手に限ったことではなく、例えばF1などの自動車レースにおいても同様の「ゾーンに入る」体験をする選手も少なくないが、それは、多くの場合は数台が団子状態でコーナリングの接戦を展開する運転中に、両側のバックミラーを見ながら目の前の計器類も同時にチェックするタイミングで発生するようだ。換言するならば、運転中の選手がやはり「両眼視野分離」の技法を駆使して、自分の車の周囲の状況や計器が示す車体の運動状態をすべて把握しているときに、そのような精神的な特殊体験を得ることができる。

こうしてみると、「両眼視野分離」の技法には「合気」を操ることができるようになるだけでなく、「ゾーンに入る」という変性意識状態を引き起こす傾向もあると考えられるようだ。その効果を能力開発の分野で積極的に生かそうとしているものに「七田式速読法」があるが、そこでは目隠しゴーグルで暗視野にした上で、ゴーグルの右端と左端にLEDのような光源が点滅するのをそれぞれの目で見る訓練が基礎になっている。これによってゴーグルを外したときにも「両眼視野分離」の状態で前方を眺めることができるようになっていさえすれば、視野の中央に頁を開いて置いた本に書かれていた内容を即座に記憶することができるという。

また、体操の床運動や新体操、さらにはフィギュアスケートなど、選手が手放しで飛び上がった身体を空中で何回転もするような競技において、通常の視野で眼前に目まぐるしく展開する光景を見ていたのでは、自分自身の空中での体勢、さらには床面や氷面との相対位置関係を正しく把握することが難しくなる。そのため、練習を重ねていくうちに選手は知らず知らず「両眼分離視野」を身につけていくようになると聞く。そうすることで、まるで床やプールなどの競技場を俯瞰しているかのような意識で自分自身の身体の動きを把握することができるようになり、運動の姿勢制御を最適に運ぶことができるのだ。

そしてまた、このような選手の身体操法や体勢把握技法と共通の技量を求められるのが、現代の超音速ジェット戦闘機や対戦車攻撃ヘリコプターのパイロットだ。レーダースコープの中の敵影と風防のキャノピー越しに黙視した敵影を交互に集中して認識していたのでは、やはり高スピードで回避行動をしている敵影をすぐに見失ってしまう。さらには、コックピット前面に配置された多数の計器類の表示を一瞬注視したために、それまで捉えていた敵影が視覚から消えてしまい、気がつくと背後に回られてミサイルやバルカン砲のレーダー照準を当てられた苦い経験を持つパイロットは少なくないはず。

そのため、パイロットが日頃の訓練で求められるのは、例えば左眼視野に計器類やレーダースコープを捉えると同時に、右眼視野には風防キャノピーの外に広がる前方百八十度の空全体とその中にポツンと浮かぶ敵影を入れ続けるという「両眼視野分離」の技だ。そして、戦闘機に限らず航空機全般の設計に強く求められるのは、このように長時間「両眼視野分離」の状態を維持しなくてはならないパイロットができるだけストレスを感じないように、計器類やレーダースコープを配置することになる。

実際のところ、長距離飛行の世界記録を作った「航研機」や戦後初の国産旅客機YS11の製作に携わった木村秀政博士と同僚達は、計器パネルの最適設計のために煎茶道「黄檗売茶流《おうばくばいさりゅう》」における茶道具の空間配置の奥義を学んだという。その理由はというと、何とその流派の茶道具は煎茶を入れる師範が終始「両眼視野分離」の状態で動作できる、最良の場所に置かれているというのだ。そう、武道やスポーツ、さらには極限状態での航空機操縦の場面だけでなく、伝統文化として受け継がれてきた世界にも「両眼視野分離」の状態で所作を紡いでいく奥義があるという新事実までもが浮かび上がってきたことになる。

三　神人合一

煎茶道は禅宗の仏門である「黄檗宗《おうばくしゅう》」を江戸時代初期に興した隠元《いんげん》和尚、即ち真空華光大師《しんくうかこうだいし》によって興されたという。特に売茶翁と呼ばれた禅僧によって一般の人々にも道端で煎茶を振る舞われたことから、「黄檗売茶流」として文化人の間に広く普及していったそうだ。禅宗の僧侶によってその伝統が守られていったため、禅の修行に役立つように煎茶道の所作が取りまとめられていったことは、容易に想像がつく。そして、その黄檗売茶流煎茶道の所作奥義が「両眼視野分離」にあったということは、禅の瞑想修行において「半眼」に開くとされる座禅の目付けの本質が「両眼視野分離」ということなのではないだろうか。

座禅によって「無の境地」に至り、「悟り」を開くのは容易ではない。何も考えないように努力すればするほど限りなく雑念が湧き出てきてしまい、思考が停止するどころかますます加速してしまう。目の前の壁を睨んだところで、あるいは枯れ山水の庭に目を向けたところで、必ず何らかの考えが生まれてしまい瞑想状態に入ることさえ難しい。だからこそ「半眼」で視野をおぼろげにしておくように指導されてきたのだろうが、それとて入定《にゅうじょう》（悟りを開く）に何らかの効果が誰にでも認められているわけではない。真実は、ごく一部の高僧が入定したときの目つきが虚ろな「半眼」に見えるということであり、意図的に「半眼」を作ることで座禅をする誰もが簡単に「悟り」を開けるというわけではないのだ。

そして、座禅において「悟り」の境地に到達するための奥義が「両眼視野分離」の「目付け」だとすれば、修行僧にそれを座禅の場や座学の場において理屈で指導したとしても、一朝一夕には身に付けることはできない。むしろ、禅の修行から少し離れたと思えるところで、知らず知らずのうちに自然に「両眼視野分離」を修得することができるようにするべきだろう。だからこそ、禅の黄檗宗においては修行僧達に煎茶道「黄檗売茶流」の所作を学ばせることで、座禅によって悟りを開眼するための最も効果的な技法である「両眼視野分離」を指導したのではないだろうか。

そう考えていくと、「両眼視野分離」によって我々人間が最終的に目指すものは、「無の境地」に至り「悟り」を開くことだといえよう。伝来仏教においてそのように表現される目標は、日本古来の神道の言葉では「神人合一」ということになる。つまり、我々の内に神々を迎え入れるということだが、「高天原」にいらっしゃる神々に降りてきていただくための神道秘儀としての「神降ろし」によって「神人合一」となること自体が、「無の境地」で「悟り」を開いた状態に等しいと考えられるのだ。

ということは、神道においても特に「神降ろし」の場面においてはその儀式に参入する神職や巫女に「両眼視野分離」の表情が求められていたのかもしれない。そもそも「合気道」の母胎流派と目されてきた「大東流合気武術」は、武道研究者の間では「惟神《かんなが》の武道」と呼ばれ、神道の神主や陰陽師に伝わっていた「神人合一」によってのみ可能となる霊的な技法をその特徴とする、他に類を見ない異質な武術流派だと考えられている。その大東流の秘伝として伝えられた「合気修得」のための修練技法が「両眼視野分離」を日常的に維持できるようにする「合気二刀剣」であるならば、神道や陰陽道における「神人合一」のための「神降ろし」の秘儀を執り行う神官達にもまた、「両眼視野分離」のための何らかの技法が伝えられていたに違いない。

神道の中心地ともいえる伊勢神宮において、御神前での参拝が「神楽」の形で執り行われることからもわかるように、現在では伝統芸能として位置づけられる各地の神社に伝えられてきたいわゆる「神楽舞」は、本来は「神降ろし」のための儀式の一つだったと考えられる。そして、その「神楽」の芸術性と精神性を高める方向に発展していったものが、「能楽」に他ならない。従って、「神楽」や「能楽」に伝わっている技法や所作の中に、「両眼視野分離」の状態に導くものが何らか隠されてきたとしても不思議ではない。

現代の能楽師の方々にそのような伝承が残されていたとしても、おそらく門外不出の秘伝としてカミングアウトしてはもらえないはず。ところが、これもまた神の計らいか、合気道の高段者でもある能楽師の知己を得た僕は、その能楽師に「マッハゴーグル」を装着してもらうことができた。むろん、装着後すぐに「合気」を操ることができるようになるその効果の高さに驚いた能楽師に、「能面」を付けたときとの視野の違いについて聞いてみたのはいうまでもない。その答は完全に僕の予想どおりで、「マッハゴーグル」を装着してすぐにその能楽師が思い出したのは、その左右の視界の狭さと重なりのなさが「能面」とまったく同じだということだった。

こうして期せずして判明したのは、やはり「能楽」においてもその最も中心的な部分である「能面」自体に秘密が隠されていたということ。そう、「神楽」や「能楽」においてあの小さくて不便で危険極まりない覗き穴が二つだけ開けられた「面」を演者が付けるのは、「両眼視野分離」によって「神人合一」の境地に至るためだったのだ。その昔、神道の神主や巫女、さらには陰陽師などが神社の祭壇の前など結界を張った中で「神降ろし」の秘儀を執り行う際に「面」を付けていたのは、それによって「両眼視野分離」の状態となることで容易に目的を達せられたからだったのではないだろうか。

それを裏付けるかのような言葉が、「能楽」を大成した世阿弥によって遺されている。それは「心を空にして神が降りてくることが『舞』、踊るのではなく神に踊らされるのが『舞』」というもの。やはり「能楽」の中心にあるものは「神降ろし」であり、そのために必要とされたものが「両眼視野分離」を促すための「能面」だったのだ。

もちろん、「能楽」や「猿楽」さらには「狂言」や「歌舞伎」へと変化していく中で、「神降ろし」や「神人合一」といった本来の目的は消え去ってしまったのだろうが、それでも「両眼視野分離」の目付けだけは江戸時代まで伝承されていたようだ。例えば、元禄時代の浮世絵にある歌舞伎役者の表情などは、明らかに右目で左方を睨み左目で右方を睨むかのように「より眼」に描かれている。そんな不気味な表情に描かれた歌舞伎役者こそが観衆の心を強く捉えることができ、その結果として人気役者の地位を得ることができたのだろうか？　いや、当時のいわゆるブロマイドであった浮世絵の版画が出回っていったとき、わざと目つきを逆に描いたのかもしれない。実際の歌舞伎役者の目つきが「斜視」だったからこそ、浮世絵に描くときに正反対の「より眼」にすることで人々の注目を集めることができたのではないだろうか？

実は「より眼」も「斜視」と同じ「両眼視野の分離」の効果があることは、冠光寺流名古屋道場に通う若い女性のおかげでわかった。その女性は「斜視」で合気の効果を試すとき、自分では「斜視」になっていると思い込んでいたのだが、周囲の人たちから見れば明らかに「より眼」となっていたのだ。その「より眼」の状態でも他の人たちと同じように合気を操っていた

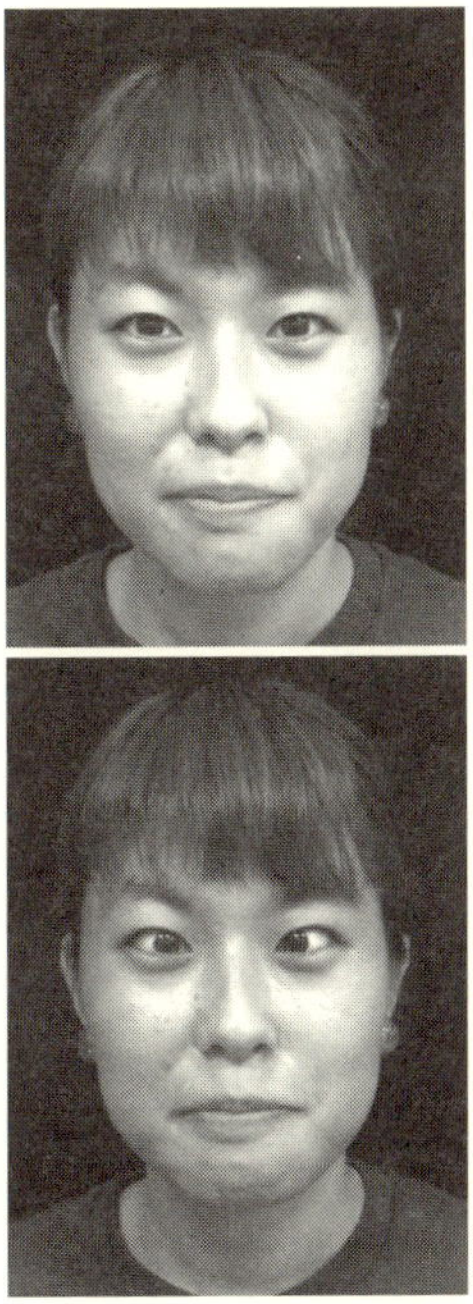

写真28　通常の「両眼視野統合」の表情（上）と「より眼」による「両眼視野分離」の表情（下）

ことからしても、「より眼」は「斜視」と同じ「両眼視野分離」となると考えられた。さらに都合のよいことに、大学で九月末から開講された後期授業「身体コミュニケーション」を受講する三百七十名の中に、一人だけ自在に「より眼」にすることができる女子大生がいた（写真28）。

その女子大生で実験をしてみたところ、「より眼」にしてもらったときだけ確かに「斜視」と同じく「両眼視野分離」となっていることが判明した。

ところで、宝塚歌劇や喜劇人協会などで人気のある現代演劇の舞台に立つ役者や映画俳優の目つきは、はたして「両眼視野分離」になっているのだろうか？　興味は尽きないところだが、本書の目的からはいささか外れてしまう。伝統文化の場面にも伝えられてきた「両眼視野分離」の表情については、今後の調査研究に委ねることとし、我々はいよいよ「両眼視野分離」の目付けの中核に迫っていくことにしよう。

四　神の覗き穴

そもそもの発端はオーストリアの高名な物理学者エルンスト・マッハが描き遺した「首のない自画像」だった。そこに陰に描かれていると感じさせるものが「自分自身」であり、それは左眼の視野となっていた。左眼視野は脳の右半球にある視覚野で処理されるため、左半球で処理される右眼視野よりも感性に影響されやすい。その特性は、左半球における広範囲の脳出血による危篤状態を体験したアメリカの脳神経科医ジルボルト・テイラーによれば（『奇跡の脳』竹内薫訳＝新潮社）、すべてのものと一体となった至福の感覚や神に抱かれたかのような感覚とつながっていることにある。キリスト教徒のアメリカ人女性医師によるその表現を神道の言葉に焼き直すならば、おそらく「神人合一」の感覚といったところになるだろう。

つまり、通常の「両眼視野統合」の状態に比べ「両眼視野分離」の状態においては、左眼視野が独立することでそのようないわゆる右脳優位の超越的感覚を誘導しやすい、即ち「神人合一」を実現しやすいことになる可能性が高い。ということは、「マッハゴーグル」を装着することで得られるのは「合気修得」や「悟り」を開くことはもちろん、最終的には前節で見てきた如く「神人合一」の境地に至ることにまで及ぶのではないだろうか。

しかし、マッハ自身はいったい如何なる目論見があって「首のない自画像」をこのような構図で描いたのだろうか？　もちろん、今この瞬間にも自分の「左眼」からこの世界の中を覗き見ている何か得体の知れないもの、どう努力してもその存在を知ることができないものとしての「自分自身」を描き出そうとしていたと後付けで考えることはできる。そうして推測された結果は、「首のない自画像」に陰に描かれた「自分自身」とは「マッハゴーグル」によって「神人合一」の境地が得られる所以でもあるのだが、実は「神」そのものだったのではないかというもの。

だが、当代一流の物理学者だったマッハともあろう人物が、「自分自身」は「神」そのものなのだということをわずかであってもほのめかすようなことをするだろうか？　否、彼はアイザック・ニュートンによって用いられていた「絶対空間」や「絶対時間」の概念が、人間が直接には感覚し得ない形而上学的な、つまりこの世界の外としてのあの世に属する神の側の概念でしかないとして、ニュートンが作り上げた力学的世界観を批判的に評価していたのだ。その本人が神の側の世界からの関与をたとえ陰にであっても、何らかの形で遺すとは非常に考えにくいことかもしれない。大方の評論家ならば、そんなふうに答えるに違いない。

ところが、ところがだ。ニュートンの力学的世界観に対するマッハの批判は、単にニュートンがすべての出発点の基本に置いた「絶対空間」や「絶対時間」が形而上学的な概念であって我々が直接に感覚したものではないという点に集中していたのだ。物理学的世界観というものは、あくまで我々が直接的に感覚できるものだけで組み上げていかなくてはならない。それが、マッハの考え方であり、その思想の延長線上で相対性理論にたどり着いたのがアルベルト・アインシュタインだった。

では、そんなマッハが「首のない自画像」で指摘したかったのは何かというと、まさに彼の物理学的世界観そのものだったのだ。そこには、確かに彼が直接に感覚できるものだけが描き出されているし、そのどこにも「絶対空間」や「絶対時間」は影形も残してはいない。そう、この「首のない自画像」の構図こそが、マッハの物理学的世界観を正しく表現していることになる。そのどこにも形而上学的な概念は描かれていないのだが、だからといってこの世界の外側にある形而上学的な神の世界の存在までも否定しているわけでは決してない。

マッハは、そのような神の世界は物理学的世界観の中に微塵も立ち現れてきてはいけないだけで、もし何らかの見事な方法によって完全に隠れた形で我々の世界の中に存在するのであれば、それはそれで何も問題はないと考えていたのだから。そして、その見事な方法で完全に隠れている神の世界の存在の仕方を描き遺してくれたのが、実は「首のない自画像」だった。そう、いっさいの形而上学的なものを排して描き出されているこの自画像には、そこに描き出そうにも描くことができなかった「自分自身」という神の世界の側の存在が、極めて明瞭に印象づけられているのだ。そこに主張されていることは、この世界の中に巧妙に隠されている神の世界との接点こそが、我々の視野の奥底に潜んでいる「自分自身」だということ。

その接点をこの世の側から見ればそれは「自分自身」というものとなり、あの世の側から見ればそれは「神」そのものとなる。何故なら、そもそもあの世には「神」しか存在しないのだから。

このように考えていけば、マッハが描き遺した「首のない自画像」に描かれているのは、「神の覗き穴」から神様が垣間見ることができたこの世の姿なのかもしれない。そして、「マッハゴーグル」を装着した後の表情に現れる何とも表現し難い「優しさ」と「穏やかさ」こそは、装着している間に立ち戻ることができた神様としての「自分自身」の残り香ではないだろうか……。

五　合気の意味

今回「マッハの合気原理」を見出し、それをいわば「万人のための合気の原理」と位置づけた上で、「マッハゴーグル」を装着することにより「両眼視野分離」の状態を誘導する「合気最短修得技法」を開発することができた。これにより合気道を学ぶ誰もが開祖・植芝盛平翁の如く「合気」を修得し、合気道の投げ技を自在に繰り出すことができるようになるはずであり、その意義は決して小さくはないと自負する。だが、そのような実利的な面でよりも、今回の発見をさらに意味深いものとしてくれるのは、それが「合気」というものの真の意味について思いを巡らせるきっかけを与えてくれたことだ。

第二章一節「住職の疑問」の項にあった、湯川秀樹博士による「素領域理論」における「この世」の成り立ちを思い出してもらおう。そこでは、「この世」である「空間」は虚空が遙か彼方にある「あの世」との境界に至るまで連続的に広がった空虚な入れ物ではなく、極微のスケールを拡大してみると数限りない「素領域」が互いの間を「あの世」である「完全調和」で隔てられるように分布する微細構造を持っていた。つまり、この世界はその細部において至るところで「あの世」である形而上学的な「神の世界」に接するように絡み合って存在していることになる。だからこそ、この世界の中には見事な方法で完全に隠された「神の世界」が存在していると考えてもよいのだ。

湯川秀樹博士の提唱になる「素領域理論」においては、かくの如く「この世」にはあらゆるところに「あの世」との接点が無数に隠されていて、それがエルンスト・マッハが浮かび上がらせた「神の覗き穴」として機能している。そして、「この世」の側にいる一人の人間の視点で「この世」の中を「当事者」として見ることもできれば、「あの世」から「この世」の中を「神」

として覗き見ることもできるのだ。むろん、後者の経験を持つ機会に恵まれる者は極端に少なく、大多数は一生涯を「この世」に生きる「当事者」として過ごしてしまう。そんな大多数の側のごく普通の人間であっても、必要に迫られたときに「あの世」から「この世」の中を「神」の視点で覗き見ることができる技術を身に付けることは決して無駄なことではないだろう。

太古の昔よりそのような技術が様々な形で伝承されてきていたのだろうが、その一例は我が国における古神道における秘儀参入に見られる「神人合一」のための「神降ろし」であろう。そして、神職や陰陽師が執り行う秘儀に参入した巫女や神官が「あの世」から覗き見た「この世」の有様を治世に役立てた時代が終わり、それを「神楽」や「能楽」などの伝統芸能として位置づけてしまった現代に至るまで、その技術が多くの人に求められ省みられる場面はなくなってしまったようだ。唯一の例外は、「合気道」の根幹をなす「合気」と呼ばれる奥義としての武術秘伝技法としてその技術が必要とされてきたことだろう。

この意味において、これまで曖昧な定義しか与えることができなかった「合気」というものを、初めて正しく具体的に規定することができるのは、必要に迫られたときに「あの世」から「この世」の中を「神」の視点で覗き見ることができる技術が、細々とではあったがこれまで密かに連綿と受け継がれていたからに違いない。そう、「合気」とは、敵からの攻撃を受けた人間がそのままでは敵に倒されてしまうとき、それまでの「この世」の側にいる一人の人間である

「当事者」として「この世」の中を見ていた視点から、「この世」の中を「この世」に接する「あの世」の側から「神」として覗き見る視点に変えることで、敵からの攻撃を無力化する、あるいは敵から攻撃の気持ちを消失させてしまう技法のことなのだ。まさに「惟神《かんながら》」の「無敵」の技法、それが「合気」に他ならない。

このように「合気」そのものを定義しておくならば、合気道の開祖・植芝盛平翁が神道系新宗教「大本」に入信し、教祖・出口王仁三郎の指導による「神降ろし」で「神人合一」となったとき、日月星辰宇宙森羅万象のすべてに対する「神」の限りない「愛」を知って「合気開眼」したと伝えられていることも、大いにうなづけるところだろう。それが「愛の合気原理」に基づく「合気」が誕生した瞬間でもある。ということは「愛の合気原理」も実は「マッハの合気原理」と同じで、「神の覗き穴」から見た「両眼視野分離」によって「惟神」の視点に導く代わりに、「神の愛」あるいは「仏の慈愛」といった形而上学的な概念を心に秘めさせることによって、「惟神」の視点に導くという点が違っていただけなのだ。

そう、「合気」の技法は「愛の合気原理」によるものと「マッハの合気原理」によるものの二種類があるわけではなく、そのどちらもがまったく同じものであり、「この世」の中を「この世」に接する「あの世」の側から、「神」として覗き見る視点に己の視点を変えることだと定義されるべきなのだ。

では、そのような「合気」に何故に「愛」がかかわってくる、つまり「神」の視点から「この世」を覗き見るときに何故に「愛」を感じることになるのだろうか？　むろん、これはこの先も憶測でしか論じることができないことであり、どう転んでも正解に突き当たることはあり得ない疑問ではある。おまけに、そもそも「愛」とは本当のところは何なのか、これまた「合気」以上に曖昧にしか理解されていなかった概念である反面、人間なら誰もが「愛」を感じることはできるという極端に身近な存在でもある。

だが、これまた湯川秀樹博士の「素領域理論」の考え方を採用するならば、そして「愛」そのものが持つさまざまな性質の中で、特に「合気」が「愛」によって誘導されるものだという点を逆手に取ってしまうことで、「愛」を初めて定義することができるようになる。それは、以下のように論考を重ねていくことで明確になっていくだろう。

植芝盛平翁によれば、「この世」の中を「この世」に接する「あの世」の側から「神」として覗き見る視点に己の視点が変わったとき、即ち「合気」の技法が発動されるにあたっては、万物へと注がれる無条件の「愛」を感じずにはいられなかったという。このとき「あの世」に「神」として存在するようになった盛平翁は、当然ながら自分の周囲に「あの世」の唯一の存在である「神」即ち「完全調和」を感じ取っていたはず。ということは、盛平翁がそこで感じ取った「愛」というものは、取りも直さず「神」つまり「完全調和」そのものということになる。そう、

「愛」とは「神」そのものであり、「完全調和」そのもののことだったのだ。

これが「合気」の定義から始め、それが「愛の合気原理」による「合気」と一致するという条件から逆に導き出した「愛」の定義に他ならない。確かに、キリスト教において「神」は「愛」そのものであるという表現もあるため、「愛は神」つまり「愛は完全調和」という「愛」の定義は的を外してはいないように思える。それに「この世」の中を「この世」に接する「あの世」の側から「神」として覗き見る視点に自分自身の視点を変えるということで「神」に立ち返ることが「合気」の発現であれば、そのときの自分自身は「神」つまり「愛」となっているわけで、そこに「愛」の感覚が得られるのは自然なことだろう。

もちろん、「マッハゴーグル」を装着することで「合気」を操る状態になったとして、そこに日常的に考える何らか「愛」の感覚が生まれてくるかというと、それを短絡的に肯定することはできない。だが、「マッハの合気原理」によって「合気」が発動しているということは、「この世」の中を「この世」に接する「あの世」の側から「神」として覗き見る視点になっているということであり、従ってその視界の中に映るすべてに対しては「神」の限りない「愛」が向けられているはずなのだ。だからこそ、「マッハゴーグル」によって誘導された「合気」発動の場面であっても、そこにはやはり自然に「愛」を感じ取ることができるようになっていると考えられる。

ひょっとすると、「マッハゴーグル」は単なる「合気修得ゴーグル」や「悟り開眼ゴーグル」などではなく、「愛」を失い「愛」に気づけなくなっている多くの人々こそがすぐにでも装着すべき「愛の再発見ゴーグル」なのかもしれない。だからこそ、小学校の先生ご夫妻がなさっているような不登校となってしまった生徒達に対するカウンセリングセラピーの場面でこそ、大いに活用していただきたいと強く願うものだ。

あとがきに代えて

　以上の本文をすべて書き上げた直後、ふとしたことから比叡山に登って天台宗の延暦寺根本中堂を初めて拝観する機会に恵まれた。堂内に入り外陣から中陣の様子を見ると、本尊や不滅の法灯に正対する形で高僧が座る中陣の玉座は、内陣の石造りの床面からは三メートルも高い位置に設えられている。そのため、内陣の床に座して読経する僧侶達が発する言霊が充満した暗い堂内宇宙の中央に、祈祷中の高僧が唯一人あたかも浮遊しているかのような感覚に包まれることは容易に察せられた。

　さらには、本尊と不滅の法灯を中心として仏像や灯籠が左右に長く広がって配置されているため、堂内宇宙に浮かぶ高僧の視野は自然に「両眼視野分離」となると思われた。つまり、根本中道の中陣玉座に座る高僧は「マッハの合気原理」によって短期間のうちに「悟り」を開くことができたのかもしれない。その意味で延暦寺根本中堂は、それ自体が「仏法開眼」を高僧に誘導するための「変性意識誘導装置」として、伝教大師最澄によって考案されたと考えると興味深い。あたかも、「マッハ装置」とでも呼ぶのがふさわしいかのような……。

比叡山延暦寺の根本中堂の玉座に上がるには長年の修行を経て御座主にまで上り詰める必要があり、それこそ誰にでも可能なわけではない。即ち、「マッハ装置」による「仏法開眼」の「悟り」は、その時代に選ばれた特別な人にしか提供されない。しかしながら、幸いにも本書で紹介した「マッハゴーグル」を装着する方法で「両眼視野分離」を達成するならば、誰もが簡単に「マッハの合気原理」によって「悟り」に至ることができるかもしれない。激動の社会の中でよりどころを失ってしまった多くの人々にとって、「マッハゴーグル」が人間本来の姿を取り戻すための一条の光となるならば、これに優る喜びはない。既に「マッハゴーグル」を装着して静かに座す時間を持った少数の方々の中ですら、例えば大切な人を亡くした悲しみで体を弱らせていたときに「マッハゴーグル」を試してみたら多幸感が得られたとか、あるいはチグハグな風景を見ていることで、この世の危うさや儚さを感じたという感想も寄せられている。

読者諸姉諸兄におかれましては、実際にこの「マッハゴーグル」を様々な目的で試してくださり、興味ある結果を得られたならば、奥付に記した本書出版社まで手紙あるいはEメールにてご一報いただければと願う。

本書で緊急公開に踏み切った「万人のための合気の原理」である「マッハの合気原理」の効

用についてはこのように期待が大きく膨らんでいくのだが、それが如何なるからくりによってこの世界に具現するのかについての物理学及び形而上学の観点からの詳細な考察については、未だ手つかずの状態だ。だが、そのからくりを表現することができる新しい世界観を与える理論的枠組の有力候補の一つが、我が国で初めてノーベル賞に輝いた理論物理学者・湯川秀樹博士が晩年に提唱された「素領域理論」から構築されつつある。これについては、次作『神の物理学――素領域理論に基づく新世界観を知ることで得られる安穏への招待――（仮題）』（海鳴社近刊）に譲る。そこでは、華厳経などの仏教経典、大祓の祝詞のような神道祓詞《はらいことば》、あるいは旧約聖書やコーランの如くあの世からこの世が生まれた理《ことわり》が、文学的な表現ではなく、物理学的さらには形而上学的な表現によって記されていくことになろう。それは、まさに「現代の聖書」と目される内容となるかもしれない。乞うご期待。

二〇一六年の誕生日を迎えて著者記す

追悼のための追記

二〇一六年十月二日の日曜日午前九時四十分、宿泊していた新大阪駅近くのホテルの部屋からロビーに降りていった僕の表情は堅かった。出迎えの秘書も驚くほどに僕が緊張していたのは、その日の昼から、あべのハルカスに隣接する劇場で、日本喜劇人協会主催のミュージカルに特別出演することになっていたからだ。むろん、プロの俳優さん達と舞台で共演するなど、僕の人生で初めてのことだった。おまけに一週間前から東京で続けられていた稽古には一度たりとも出席できず、文字どおりぶっつけ本番で臨むことになってしまった。

そんなわけで、前日に送られてきた脚本を見ると、僕の台詞《せりふ》は完全なアドリブでやるように変更されていた。定められた台詞を覚えて役を演じることなどもはや不可能と判断した脚本家の方が、最大限に譲歩して下さった結果だ。だが、ミュージカルのプロ初舞台の台詞がアドリブのみというのは、かえってかなりの重圧になったのは間違いない。前日から些細な忘れ物をしたり、地下鉄の降車駅をうっかり通り過ぎたり、いつもの僕にあるまじきミスが続いていた。おまけに、ふと見事だと思える台詞が閃いたかと思うと、数分後にはフッと頭から消えてしまい、どうあがいても二度と思い出すことができない。これまた、記憶力自慢の僕にとって、絶対にあり得ないことだ。

そんなボロボロの精神状態でホテルを出て、僕にとって初めての特別な日のスケジュールが動き始めたのが午前九時四十分。天王寺のあべのハルカスに到着したのが十時十五分、そのまま八階まで上って劇場裏の楽屋に入ったのは十時半、テレビや映画でしか見たことのなかった出演者の方々に急ぎ挨拶しながら、舞台で僕が出るパートだけの直前打ち合わせを終えたのが十一時ちょうど。そして、そのまま開場となって観客の皆さんが席になだれ込んできた。そこから幕開けまでの一時間のことは、ほとんど覚えていない。自分一人の講演会ならばこのように緊張することもないのだが、出演者の方々やスタッフの皆さんの努力を僕がぶち壊してしまうのではないかという心配が際限なく肥大していった。

そして、幕開けから三十分ほど経った頃、非情にも僕の出番がやってくる。スポットライトを浴びながら舞台に登場した僕の口を衝いて出てきたのは、しかし直前打ち合わせのときに脚本家の依頼で決めたアメリカのＵＦＯ秘密基地探訪ネタのアドリブ台詞ではなく、死ぬときにどうやればちゃんと天国に行けるかというスペイン人神父の教えだった。幸いにも観客の皆さんには大いに受けただけでなく、劇の流れを断ち切ることもなかったため、俳優の方々の邪魔にもならなかったようだ。だが、いったいどうしてアドリブの台詞が打ち合わせの内容から大きく逸脱してしまったのか、僕自身にすらまったくわからなかった。それがわかったのは、翌日のことだ。

せっかく大阪に来たのだからと本書の編集者も含めた何人かで立売堀《いたちぼり》のサムハラ神社にお詣りに行くことにし、地下鉄御堂筋線本町駅から靱《うつぼ》公園に向かって歩いたところにある、以前から目を付けていた小さな寿司屋で昼食をとった。その後靱公園の中を歩き始めたタイミングで携帯電話が振動し、驚愕の知らせが飛び込んできた。何と、スピリチュアル分野のバイブルとの呼び声高い名著『黎明』の著者・葦原瑞穂さんが前日の日曜日に交通事故で突然この世を去ったというのだ。三週間もしないうちに東京でお目にかかる約束をしていた知の巨人の、あまりにもあっけない最後に我が耳を疑いもしたのだが、すぐにネットニュースの社会面を確認すると確かにご本名で死亡事故のことが配信されていた。見れば亡くなられたのは前日の九時三八分。そう、僕が初舞台を踏むために緊張で張りつめた顔をして滞在先のホテルを出た、まさにそのときのことだ！

ということは、ひょっとすると葦原瑞穂さんの御霊はその瞬間から、僕の魂に呼びかけ続けてくれていたのかもしれない。そう、あまりに突然で唐突な死を前にしてスピリチュアル界の

二〇一六年九月二日、葦原瑞穂氏が銀座に呼んでくださったUFO

巨人ですら迷ってしまったとき、その二ヶ月ほど前から些細なことでお手伝いをさせていただいていた僕を頼って下さったのではないだろうか。だからこそ、それから一時間後にあった直前打ち合わせでＵＦＯネタのアドリブを指示された僕が、本番では何故か誰もが迷わずに天国に行けるというスペイン人神父に教わった秘伝について語っていたのだ！

　そのように思えた僕は、ひょっとしてその秘伝ですら彼の御霊を迷いから解き放つことができなかったときのことを考え、同行の編集者達にも参列してもらうことにして、サムハラ神社で祝之祓詞《はふりのはらいことば》を読み上げる御霊送りの御神事をお願いした。本殿で厳《おごそ》かに執り行われる中で初めて耳にした祝之祓詞が心の奥底にまで清らかに染み入り、拝殿に光る御鏡の中に映った葦原瑞穂さんの笑顔を見送っていた僕は、ちょうど原稿を書き上げていた本書を、高天原から人類の進化を見守ってくれる彼の御霊に捧げることにした……。

二〇一六年十月三日　大阪にて著者記す

附録　合気道の技で検証するマッハゴーグルの効果

○正面打ち一教

最初に試す合気道の技は、「合気」を身に付けていなければ実際に操ることは不可能だとされる「正面打ち《しょうめんう》一教《いっきょう》」と呼ばれる技だ。「合気」を修得している場合とそうでない場合の違いが最もはっきりするため、「マッハゴーグル」による「マッハの合気原理」に則った「合気」が発動されたか否かを見るのに最も適切な合気道の技といえるだろう。

まず「正面打ち一教」の技法を相手が右手の手刀（いわゆる「カラテチョップ」の手の形）で正面を打ってくる（これが「正面打ち」）ときについて、簡単に述べておく。

相手の右手正面打ちに対し、素早く小股で前に進みながらこちらの右手の手刀を相手の手首に当て、左掌を相手の右肘に下からあてがう。そのまま相手の右肘を真上に持ち上げながら前進し、相手の右手首を相手の顔面の方向に軽く押すと同時に相手の右肘を相手の後方真下に落とすようにして崩す。

動きが簡単なぶん、これだけで相手の攻撃を制した上で相手の身体を後ろに崩すのは至難の業となる。実際のところ、「合気」を身に付けていない合気道家にとって、最もやりにくくやりたくない合気道の技となっているようだ。ところが、いったん「愛の合気原理」による「合気」を修得してしまうならば、開祖・植芝盛平翁のように簡単に実現できてしまう（写真Ａａ）。

この「正面打ち一教」を、未だ「愛の合気原理」による「合気」を身に付けることができていない合気道家がやると、抵抗する相手を崩すことはまったくできない（写真Ａｂ）。

そこで、その「合気」未修得の合気道家に「マッハゴーグル」を初めて装着してもらい、同じ「正面打ち一教」の技を同じ相手に対して再度試してもらうことにする。すると不思議だとしか表現できないことだが、さっきはまったくできなかったにもかかわらず、今度は「愛の合気原理」による「合気」を修得した合気道家であるかのように相手を崩すことができる（写真Ａｃ）。

それだけでは、ない。この「マッハゴーグル」を装着したままで十五分程度この「正面打ち一教」の技を稽古し続け、その後に「マッハゴーグル」を外してから再度同じ技を試してみても、やはり「愛の合気原理」による「合気」を修得した合気道家であるかのように相手を崩すことができる（写真Ａｄ）。

写真Aa「愛の合気原理」による「合気」を修得した合気道家による「正面打ち一教」の動き

写真 Ab 「愛の合気原理」による「合気」を修得していない合気道家による「正面打ち一教」の動き

これは、わずかの時間であっても「マッハゴーグル」を装着したことによって、「マッハの合気原理」による「合気」を修得できたことによる。

○正面打ち入り身投げ

次に試すのは合気道の開祖・植芝盛平翁が最も好まれた合気道に特有の投げ技で、「正面打《しょうめんう》ち入《い》り身《み》投《な》げ」と呼ばれる。これもまた「一教」と同じで、「合気」を身に付けていなければ実際に技をかけることは不可能だとされる合気道に特有の投げ技だ。「正面打ち一教」のときと反対

写真Ac　「愛の合気原理」による「合気」を修得していない合気道家が初めて「マッハゴーグル」を装着して試した「正面打ち一教」の動き

に、相手が左手の手刀で正面を打ってくるときの「正面打ち入り身投げ」について見ておく。

相手の左手による正面打ちの機先を制し、左足を半歩前に出しながらこちらの左手手刀を相手の左肘に下から当てる。直後に左足を軸に

写真Ad「マッハゴーグル」を装着して稽古することで「マッハの合気原理」による「合気」を修得した合気道家が、「マッハゴーグル」を外した直後に試した「正面打ち一教」の動き

して後ろにあった右足を前方に送り込むと同時に、こちらの左手で相手の左肘を上から下にさばきながら右手で相手の首の右側を軽く持つ。次に左足を後ろに引きながら腰を反時計回りに半回転させながら右手で相手の首をこちらに引き寄せると同時に、左肘の内側を相手の顎に当てて真上に引き上げる。これによって、相手は腰から大きく崩れて倒れてしまう。

もちろん、本気で攻撃してくる相手に対してこの「正面打ち入り身投げ」をかけることができるのは、合気道の開祖・植芝盛平翁のように「愛の合気原理」による「合気」を修得した合気道家に限定されることはいうまでもない（写真Ｂａ）。事実、「合気」を身に付けていない合気道家の場合には相手の手刀をさばき、左手で相手の首の左側を持った時点で相手が踏ん張ってしまうので、相手を倒すことはおろか崩すことさえできない（写真Ｂｂ）。

次に、この「合気」未修得の合気道家に「マッハゴーグル」を初めて装着してもらい、同じ「正面打ち入り身投げ」の技を同じ相手に対して再度試してもらう。すると、まったく歯が立たなかった相手だったにもかかわらず、今度は「愛の合気原理」による「合気」を修得した合気道家と同じであるかのように、相手を簡単に崩して倒すことができる（写真Ｂｃ）。

さらには、この「マッハゴーグル」を装着したままで十五分程度「正面打ち入り身投げ」の技を稽古し続けてから「マッハゴーグル」を外し、再度同じ技を試してみる。このときもやはり、「愛の合気原理」による「合気」を修得した合気道家であるかのように相手を崩して投げ

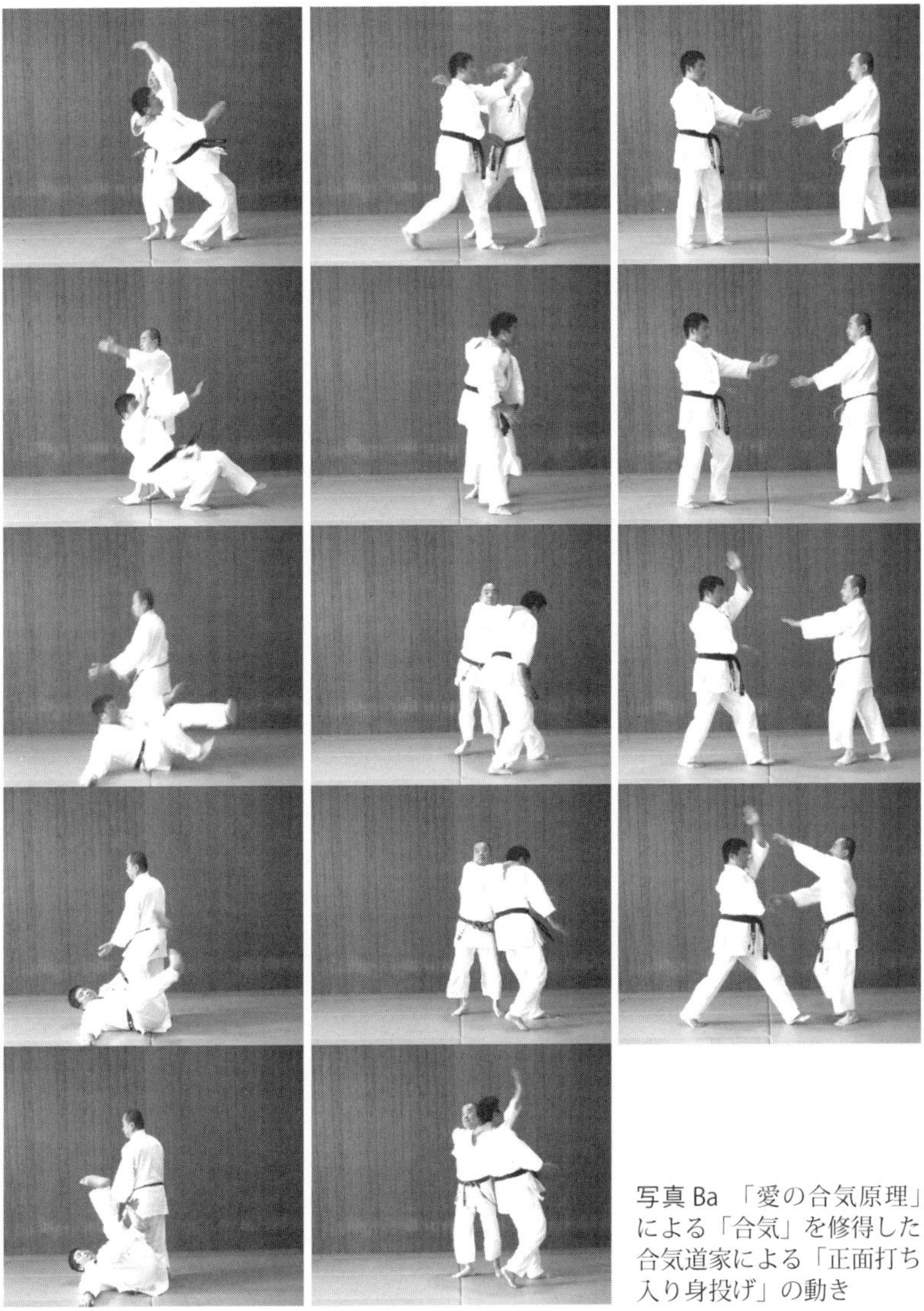

写真 Ba 「愛の合気原理」による「合気」を修得した合気道家による「正面打ち入り身投げ」の動き

写真 Bb 「愛の合気原理」による「合気」を修得していない合気道家による「正面打ち入り身投げ」の動き

写真 Bc 「愛の合気原理」による「合気」を修得していない合気道家が初めて「マッハゴーグル」を装着して試した「正面打ち入り身投げ」の動き

写真 Bd　「マッハゴーグル」を装着して稽古することで「マッハの合気原理」による「合気」を修得した合気道家が、「マッハゴーグル」を外した直後に試した「正面打ち入り身投げ」の動き

倒すことができる（写真Ｂｄ）。

○片手取り四方投げ

植芝盛平翁はよく「合気道の稽古は一教、入り身投げ、四方投げだけでよい」とおっしゃったと聞く。つまり、既に見てきた「一教」と「入り身投げ」に加えて、この「片手取《かたてど》り四方投《しほうな》げ」もまた「合気」を修得できていない合気道家では実現することができない、合気道に典型的な投げ技となっているのだ。その動きは奇抜で、他の武道流派にはほとんど見られないことからしても、これが「合気」を身に付けておく必要がある技であることは間違いないだろう。

写真Ca 「愛の合気原理」による「合気」を修得した合気道家による「片手取り四方投げ」の動き

相手が左手でこちらの右手首をつかみにきたとき、右手首をこちらの顎の前まで上げ、そこから右手首は動かさないで右肘を相手の上体に向かって突き出して相手の上体を後ろに崩す。直後に左手で相手の左手首を軽くつかんで、相手の上体を後ろに崩したまま半歩前に送った右足を軸にして反時計回りに一回転すると同時に、相手の左腕を肘の部分で内側に折り曲げる。

そこから、相手の左手首をつかんだままの左手首を相手の後ろ下方に落とし込むことで、相手は後方に仰け反りながら倒れる。

これが「片手取り四方投げ」になるのだが、「愛の合気原理」による「合気」を修得した合気道家による動きを見ると、攻撃してきた相手が何故か終始浮き足立って身動きが取れない状態にされていることがわかる（写真Ｃａ）。これが「合気」の不思議な効果の一つなのだが、その詳細については拙著『合気の秘訣――物理学者による目から鱗の技法解明――』や『脳と刀――精神物理学から見た剣術極意と合気――』（ともに海鳴社）が参考になる。

ところが、「愛の合気原理」による「合気」を身に付けていない合気道家がいくら「片手取り四方投げ」を相手にかけようとしても、相手は安定に立っ

写真Cb　「愛の合気原理」による「合気」を修得していない合気道家による「片手取り四方投げ」の動き

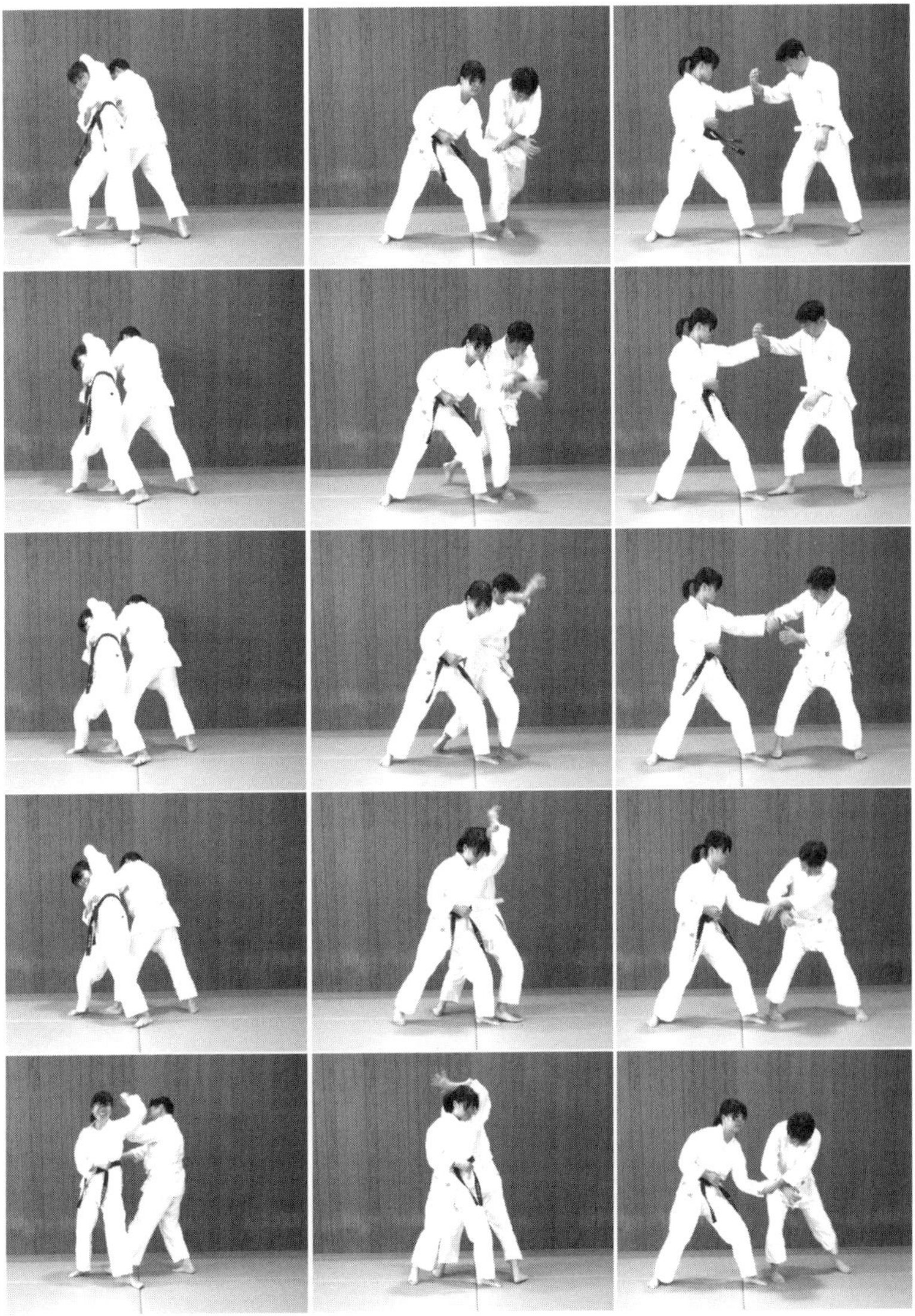

てこちらの左手首が動かないように押さえ込んだまま、決して浮き足立つことはない（写真Ｃｂ）。やはり「合気」を操ることができなければ、この技を実際に真剣に攻撃してくる相手にかけることは難しいのだ。

そこで、この「合気」が修得できていない合気道家に「マッハゴー

写真Cc　「愛の合気原理」による「合気」を修得していない合気道家が初めて「マッハゴーグル」を装着して試した「片手取り四方投げ」の動き

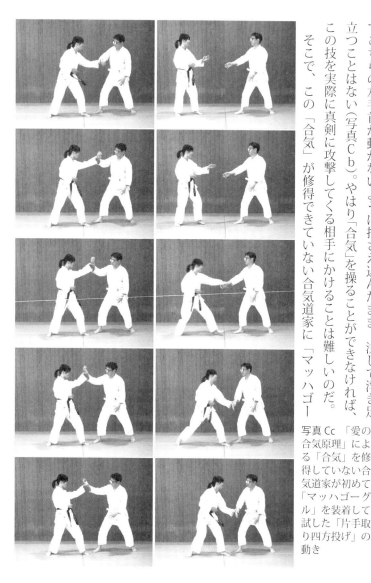

グル」を初めて装着してもらう。その状態で「片手取り四方投げ」の技を同じ相手に再度かけてもらうと、今度は「愛の合気原理」による「合気」を修得した合気道家と同じで、相手を簡単に浮き足立たせて後ろに倒すことができるのだ（写真Ｃｃ）。さらに、この「マッハゴーグル」を装着したまま十五分程度「片手取り四方投げ」を稽古してから「マッハゴーグル」を外

し、再度試してみる。すると、やはり「愛の合気原理」による「合気」を身に付けた合気道家のように相手を浮き足立たせて「四方投げ」で投げ倒すことができる（写真Ｃｄ）。

○片手取り小手返し

この「片手取《かたてど》り小手返《こてがえ》し」の技は合気道だけでなく、様々な柔術流派や格闘技の中にも存在する手首関節を内側に極める関節技と考えられているが、合気道においては本来は「合気」によって相手を崩して投げ倒す投げ技となっている。その技の動き自体は概ね次のようなものだ。

相手が左手でこちらの右手首をつかみにきたとき、左手刀で相手の左手を上から巻き込むようにして払うと同時に、右手で相手の左手首を上から軽くつかみながら右足を半歩前に送る。その右足を軸にして左足を振るように反時計回りに身体を半回転させ、次には左足を軸にして右足を自分の後ろに振るように時計回りに身体を半回転させながら左掌で相手の左手甲を押

写真Cd 「マッハゴーグル」を装着して稽古することで「マッハの合気原理」による「合気」を修得した合気道家が、「マッハゴーグル」を外した直後に試した「片手取り四方投げ」の動き

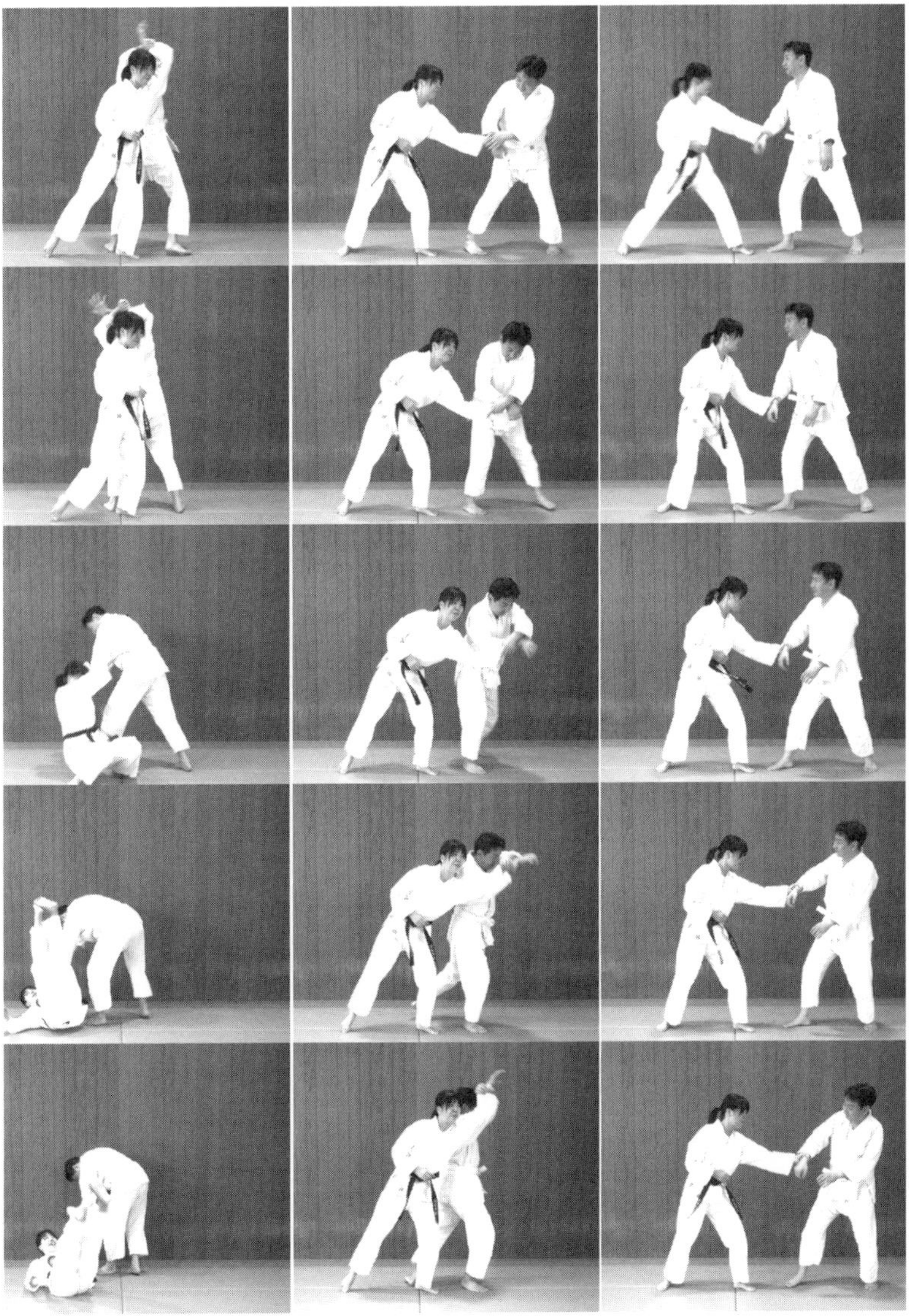

写真Da　「愛の合気原理」による「合気」を修得した合気道家による「片手取り小手返し」の動き

し、相手の左手首を内側に折り曲げるように押し下げることで相手を左肩から背中方向に倒す。実際、「愛の合気原理」による「合気」を修得した合気道家がこのとおりに動けば、真剣に攻撃してきた相手であっても「片手取り小手返し」で簡単に倒されてしまう（写真Ｄａ）。

写真Db「愛の合気原理」による「合気」を修得していない合気道家による「片手取り小手返し」の動き

しかしながら、「愛の合気原理」による「合気」が身に付いていない合気道家がいくら「片手取り小手返し」をかけようとしても、相手は踏ん張った上に手首が動かないように固めたまま、決して崩れることはない（写真Ｄｂ）。相手が手首をとことん強く固めてくるのは明らか

であり、やはり「合気」を修得していなければ、実際に真剣に攻撃してくる相手に「小手返し」の技をかけることは難しい。

ここでも、「合気」が修得できていない同じ合気道家に「マッハゴーグル」を初めて装着してもらい、「片手取り小手返し」の技を同じ相手に再度かけてもらう。すると、今度は「愛の合気原理」による「合気」を身に付けた合気道家と同じく、手首をとことん固めて抵抗する相手の手首を簡単に内側に畳み込んで下に落とすことで、相手を後ろに倒すことができる（写真Ｄｃ）。次に、この「マッハゴーグル」を装着したまま十五分程度「片手取り小手返し」を稽古する。その上で「マッハゴーグル」を外してから再度試してみれば、やはり「愛の合気原理」による「合気」を身に付けた合気道家のように、とことん踏ん張って抵抗する相手を「小手返し」で投げ倒すことができる（写真Ｄｄ）。

○**諸手取り呼吸投げ（立ちの呼吸法）**

相手が両手でこちらの片腕をつかんで動かなくさせてきたときに「合気」で相手を崩して投げ倒す技が「諸手《もろて》取《ど》り呼吸投《こきゅうな》げ」であり、明らかに「合気」を修得できた合気道家でなければ実現することのできない投げ技となっている。「立《た》ちの呼吸法《こきゅうほう》」とも呼ばれることがある。合気道の開祖・植芝盛平翁に直接師事した古い師範が指導する稽古では、毎回の稽古の初めに必

写真 Dc 「愛の合気原理」による「合気」を修得していない合気道家が初めて「マッハゴーグル」を装着して試した「片手取り小手返し」の動き

ずこの「立ちの呼吸法」を二人一組で真剣に稽古したと聞く。開祖のように「合気」を自在に操る境地を目指した弟子達だからこそ、その「合気」がなければ一ミリメートルさえ動かすことができないように、相手の両手でこちらの片手首を力一杯つかませての稽古だったに違いない。

　何せ、単に相手に両手でこちらの片方の手首を思いきり強く握らせて動けなくしてもらった上で、その手首を上に返すことで盤石な姿勢のまま両足で踏ん張っている相手の身体を反り返らせるように崩し倒すというだけの動きなのだから、筋力だけでは到底できるものではない。それが、「愛

写真Dd 「マッハゴーグル」を装着して稽古することで「マッハの合気原理」による「合気」を修得した合気道家が、「マッハゴーグル」を外した直後に試した「片手取り小手返し」の動き

の合気原理」による「合気」を修得した合気道家の手にかかれば、まるで赤子の手を捻るかのように両手でがっちりとつかまれた手首をいとも簡単に返し、相手を仰け反らせるように投げ飛ばすことができる（写真Ｅａ）。もちろん、未だ「愛の合気原理」による「合気」を身に付けることができていない合気道家の場合では、つかまれた片腕を微塵も動かすことはできない（写真Ｅｂ）。

やはり、その「合気」が修得できていない合気道家に「マッハゴーグル」を初めて装着してもらい、「諸手取り呼吸投げ」の技を同じ相手に再度試してもらう。不思議なことに、「愛の合気原理」による「合気」を修得した合気道家と同じく、こちらの右手首をとことん強く両手で握って固めているはずの相手の両腕を自在に動かすことができる。そのままこちらの右手首を上に持ち上げれば、相手は腰のところから後ろに一気に崩れ、簡単に倒されてしまう（写真Ｅｃ）。もちろん、この「マッハゴーグル」を装着したまま十五分程度この「諸手取り呼吸投げ」を稽古した上で「マッハゴーグル」を外し、再度同じ技を試してみることも必要だ。「マッハゴーグル」を装着していたときのように、両足を踏ん張って必死でこちらの片手首を両手で握って動かさないようにしている相手を「呼吸投げ」で簡単に投げ倒すことができることを確認するために（写真Ｅｄ）。

写真 Ea 「愛の合気原理」による「合気」を修得した合気道家による「諸手取り呼吸投げ」の動き

写真 Eb 「愛の合気原理」による「合気」を修得していない合気道家による「諸手取り呼吸投げ」の動き

写真Ec 「愛の合気原理」による「合気」を修得していない合気道家が初めて「マッハゴーグル」を装着して試した「諸手取り呼吸投げ」の動き

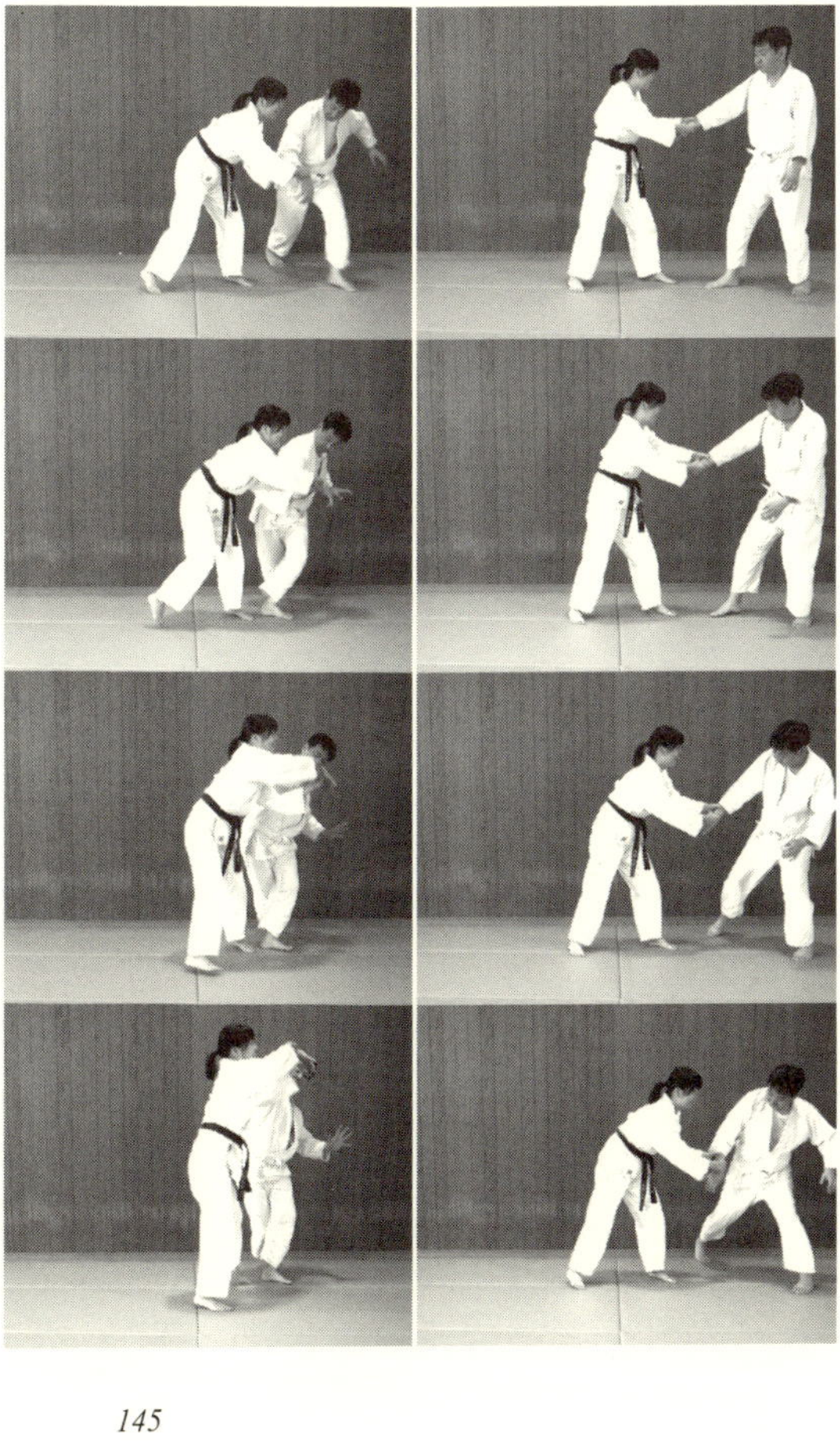

写真Ed 「マッハゴーグル」を装着して稽古することで「マッハの合気原理」による「合気」を修得した合気道家が、「マッハゴーグル」を外した直後に試した「諸手取り呼吸投げ」の動き

○胸取り隅落とし（空気投げ）

まるで空気にあおられてあり得ないような体勢から投げられてしまうことから、別名「空気《くうき》投《な》げ」とも呼ばれる「胸取《むなど》り隅落《すみお》とし」は、本当は植芝盛平翁のような達人でなければ実際に

真剣に攻撃してくる相手にかけることはできないとされてきた。技の動きとしてはすこぶる単純で、例えば相手が右手でこちらの胸襟をつかんできた場合には次のようになる。

胸襟をつかみにきた相手の右手首を左手でこちらの胸襟に押さえるように軽くつかみながら左に素早く進み、相手の右腕を伸ばしたところで右手刀を相手の右肘に当てると同時に左前方に鋭く進みながら右手刀を相手の後方に振り落とす。わずかこれだけの動きで相手が倒されてしまうのは、やはり「愛の合気原理」による「合気」を修得した合気道家の場合に限る（写真Ｆａ）。そうでないときには、このような動きを筋力とスピードにまかせていくら素早くやってみたところで、「隅落とし」の技は相手にはまったく通用しない（写真Ｆｂ）。

だからこそ、この「合気」が修得できていない合気道家に「マッハゴーグル」を初めて装着してもらう意味がある。その上で「胸取り隅落とし」の技を同じ相手で再挑戦してもらうのだが、「愛の合気原理」による「合気」を修得した合気道家と同じく、ほんのちょっと左前方に身体を動かしながら相手の右手首を軽く押さえた上で右手刀で相手の右肘を下に押さえれば、相手は腰から崩れて後ろに倒されてしまう（写真Ｆｃ）。もちろん、この「マッハゴーグル」を装着したまま十五分程度この「胸取り隅落とし」を稽古し、「マッハゴーグル」による合気修得効果を確認するのも忘れてはならない。「マッハゴーグル」を外した直後に再度同じ技を試し

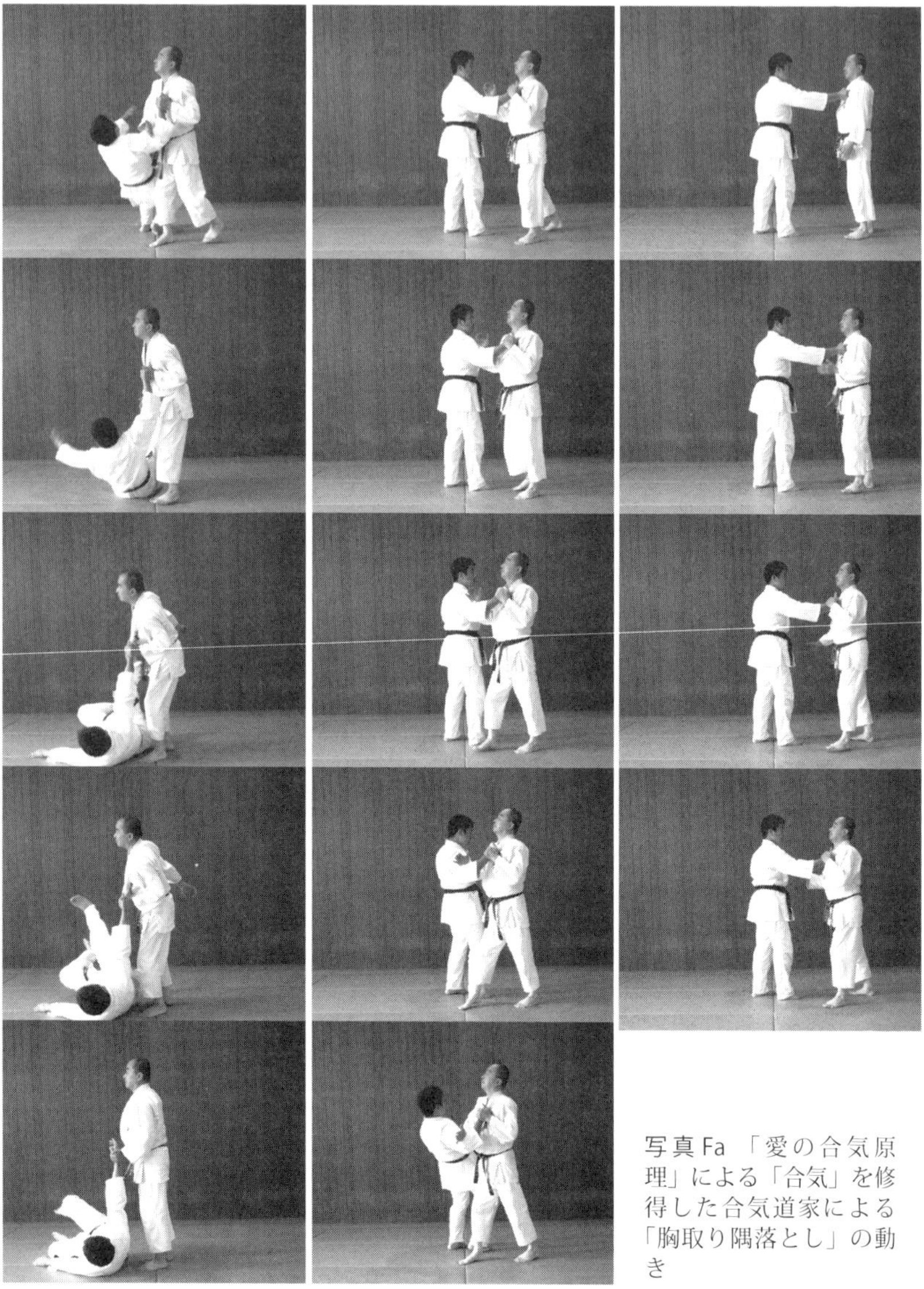

写真Fa 「愛の合気原理」による「合気」を修得した合気道家による「胸取り隅落とし」の動き

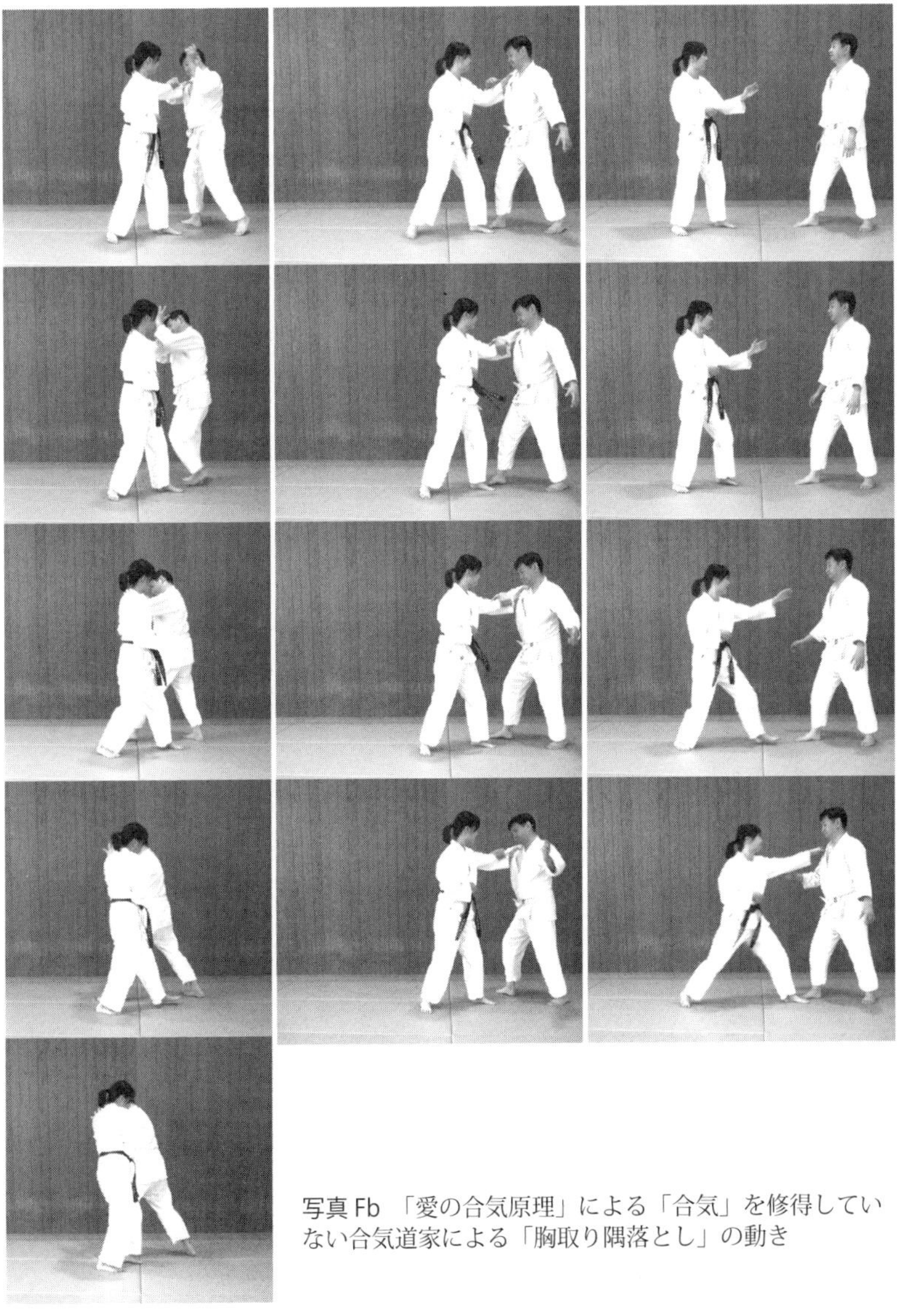

写真 Fb 「愛の合気原理」による「合気」を修得していない合気道家による「胸取り隅落とし」の動き

てみるのだが、「マッハゴーグル」を装着していたときのように相手を「隅落とし」で簡単に投げ倒すことができる（写真Ｆｄ）。

写真Fc　「愛の合気原理」による「合気」を修得していない合気道家が初めて「マッハゴーグル」を装着して試した「胸取り隅落とし」の動き

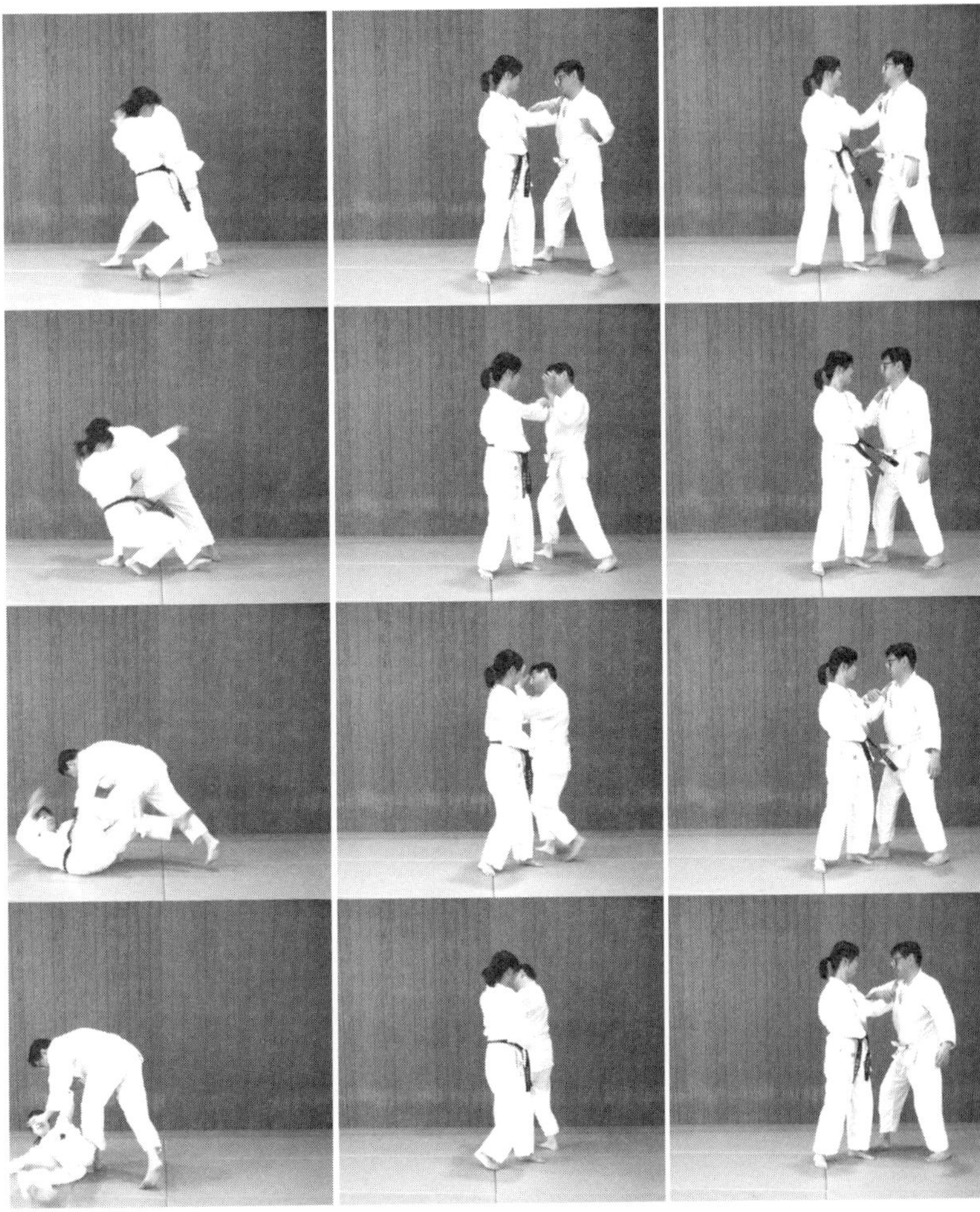

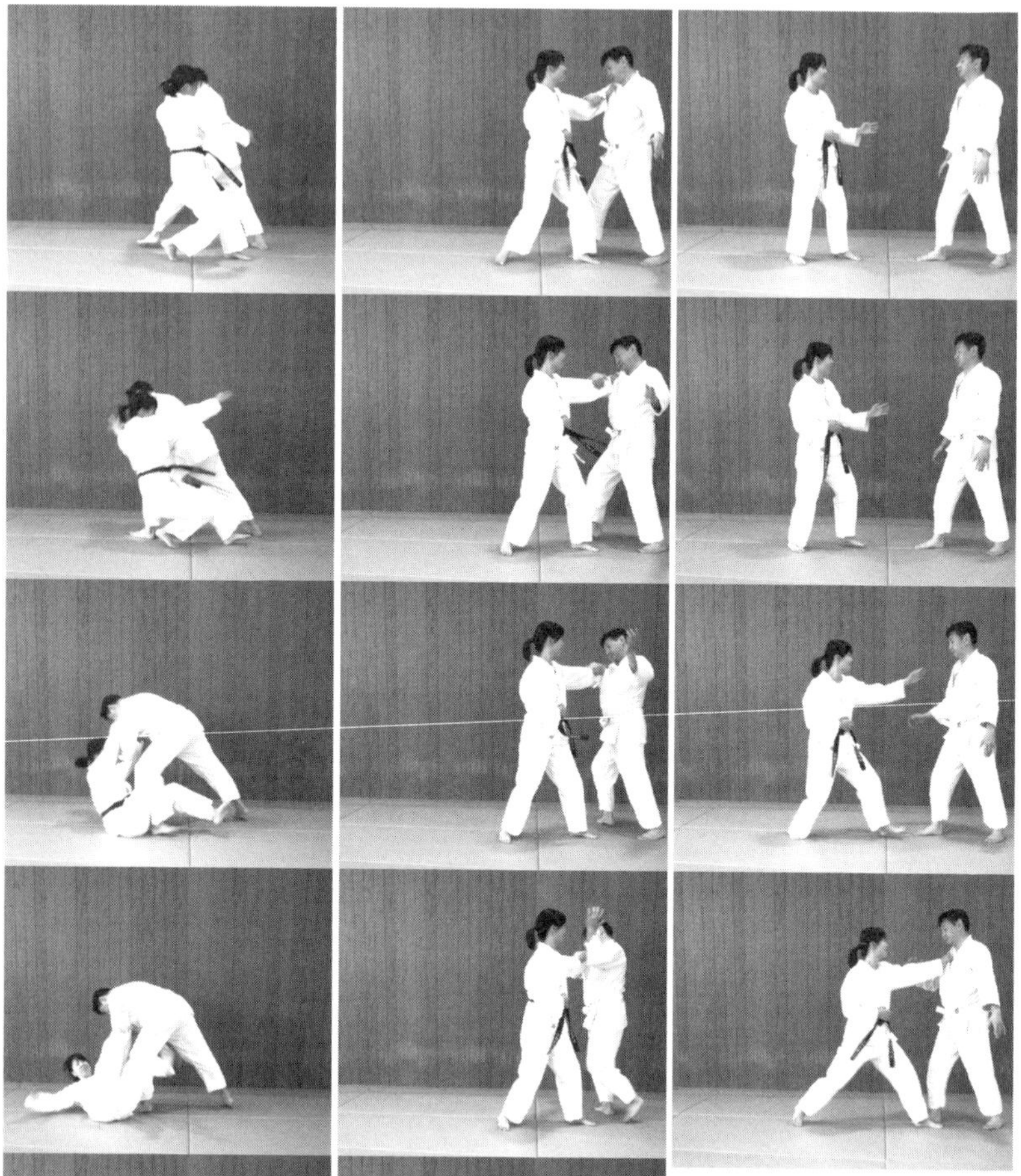

写真Fd 「マッハゴーグル」を装着して稽古することで「マッハの合気原理」による「合気」を修得した合気道家が、「マッハゴーグル」を外した直後に試した「胸取り隅落とし」の動き

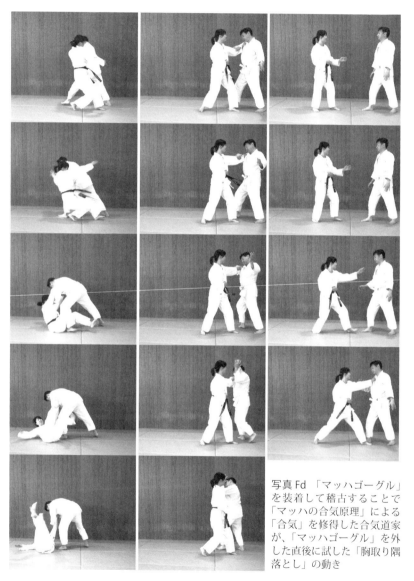

○合気上げ（座りの呼吸法）

両者が正座で相対しているとき、相手が膝行で近づいてきて両手でこちらの両手首を押さえ込んで両腕の自由を奪おうとする。このとき、腕力だけでは押さえ込まれた両手を上げて相手を崩すことはできない。ところが、「合気」を修得できた合気道家ならば、いとも簡単に両手を上げて相手を持ち上げたり倒したりすることができる。これは「合気上げ《あいきあ》」と呼ばれる、やはり合気道に特有の技だが、「諸手取り呼吸投げ」（あるいは「立ちの呼吸法」）と同様に主として「合気」が修得できたか否かの検証のために用いられる技である。現在の合気道では「合気上げ」という名称はあまり使われず、むしろ「立ちの呼吸法」とのつながりで「座《すわ》りの呼吸《こきゅう》法《ほう》」と呼ばれることが一般的になっている。

植芝盛平翁の高弟達が毎回の稽古の初めに必ず真剣に稽古したのが「立ちの呼吸法」だったのだが、同じく稽古の最後に必ず真剣にやったのがこの「座りの呼吸法」、つまり「合気上げ」だった。やはり、単に相手に両手でこちらの両手首を思いきり強く握り押さえて動けなくしてもらった上で、その手首を上に上げることで安定な起座の姿勢でこちらに体重を乗せている相手の両腕と上体を浮かせるように持ち上げて倒すというだけの動きなのだから、筋力だけでは絶対に不可能。

写真 Ga 「愛の合気原理」による「合気」を修得した合気道家による「合気上げ」の動き

ところが、植芝盛平翁の如き「愛の合気原理」による「合気」を修得した合気道家の手にかかれば、相手が体重をかけて両手でがっちりと押さえ込んでいる両手首をいとも簡単に上げ、相手を浮かせるようにして立たせることができる（写真Ｇａ）。

写真 Gb 「愛の合気原理」による「合気」を修得していない合気道家による「合気上げ」の動き

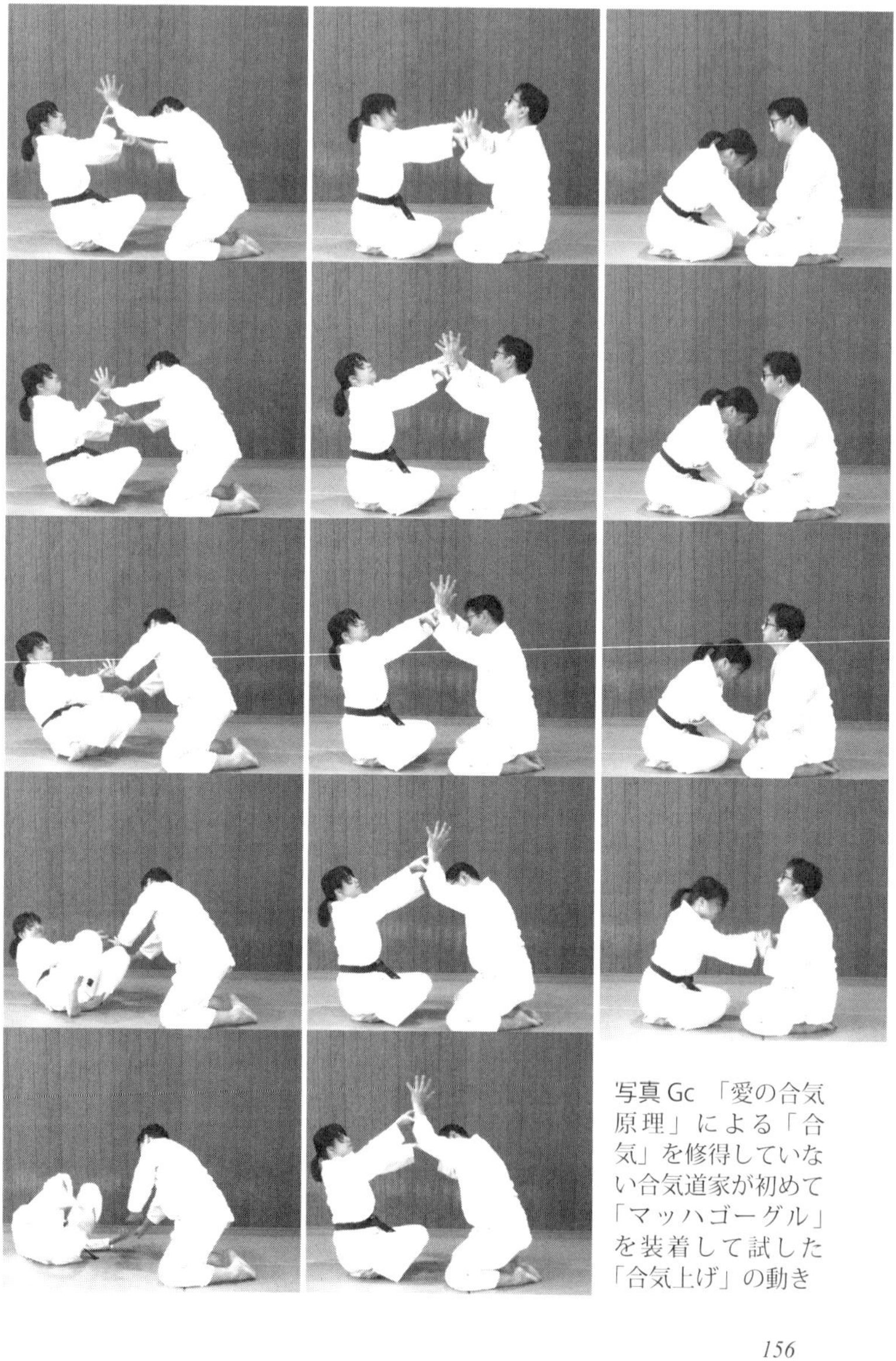

写真Gc 「愛の合気原理」による「合気」を修得していない合気道家が初めて「マッハゴーグル」を装着して試した「合気上げ」の動き

写真 Gd 「マッハゴーグル」を装着して稽古することで「マッハの合気原理」による「合気」を修得した合気道家が、「マッハゴーグル」を外した直後に試した「合気上げ」の動き

もちろん、「愛の合気原理」による「合気」を修得できていない合気道家では、押さえ込まれた手首を動かすことすらできない（写真Ｇｂ）。

この「合気」が修得できていない合気道家に「マッハゴーグル」を初めて装着してもらい、同じく「合気上げ」を同じ相手に再度試してもらう。すると、やはり不思議な印象を与えるが、「愛の合気原理」による「合気」を修得した合気道家と同じく、こちらの両手首を最大限強く両手で握って押さえ込んでいるはずの相手の両腕をスッと上げることができる。そのままこちらの両手を上に持ち上げれば、相手は腰から浮かされ簡単に倒れてしまう（写真Ｇｃ）。もちろん、この「マッハゴーグル」を装着したまま十五分程度この「合気上げ」を稽古した上で「マッハゴーグル」を外し、再度同じ技を試してみる。「マッハゴーグル」を装着していたときのように、体重を乗せて必死でこちらの両手首を両手で握って押さえつけている相手を「合気上げ」で簡単に浮かすことができるのはいうまでもない（写真Ｇｄ）。

著者：保江　邦夫（やすえ　くにお）

岡山県生まれ.
東北大学で天文学を，京都大学と名古屋大学で数理物理学を学ぶ.
スイス・ジュネーブ大学理論物理学科講師，東芝総合研究所研究員を経て，現在ノートルダム清心女子大学大学院人間複合科学専攻教授．専門学校禅林学園講師.
大東流合気武術佐川幸義宗範門人.
著書は『数理物理学方法序説（全８巻＋別巻）』（日本評論社），『武道の達人』『量子力学と最適制御理論』『脳と刀』『合気眞髄』（以上，海鳴社），『魂のかけら』（佐川邦夫＝ペンネーム，春風社）など多数.
カトリック隠遁者エスタニスラウ師から受け継いだキリストの活人術を冠光寺眞法と名づけ，それに基づく柔術護身技法を岡山，東京，神戸，名古屋で指南している（連絡先 / kkj@smilelifting.com）.

合気・悟り・癒しへの近道

2016 年 11 月 18 日　第１刷発行
2017 年　6 月　8 日　第２刷発行

発行所：㈱海鳴社　http://www.kaimeisha.com/
〒 101-0065　東京都千代田区西神田２－４－６
E メール：kaimei@d8.dion.ne.jp
Tel.：03-3262-1967　Fax：03-3234-3643

発行人：辻　信行
組版：海鳴社
印刷・製本：モリモト印刷

出版社コード：1097
ISBN 978-4-87525-328-0